O palhaço que existe em você

Caroline Dream

O palhaço que existe em você

Seja um palhaço, seja você mesmo

Coleção Clownplanet

ediciones.clownplanet.com

O palhaço que existe em você
Primeira edição em espanhol, junho 2012
Primeira edição em português, abril 2018
Impresso em Amazon
© Caroline Françoise Drain, 2018

Editor: Alejandro C. Navarro González
Ilustração da capa: Alex Navarro
Tradução para o português: Anna Ly
Revisão: Alex Navarro

Coleção Clownplanet
ediciones.clownplanet.com
elpayasoquehayenti@gmail.com

ISBN13: 978-84-697-7171-6

O conteúdo deste livro não poderá ser reproduzido, nem total nem parcialmente, sem a prévia permissão escrita do editor. Todos os direitos reservados.

Para Alex e Amara

Índice

Agradecimentos	13
Prólogo	17
1. Introduçao	23
2. Perguntas frequentes	27
O que é um palhaço?	27
Um clown é o mesmo que um palhaço?	29
Há um clown dentro de nós?	31
Como sintonizar com a frequência clown?	33
Existem diferentes pedagogias no mundo do clown?	34
O humor agressivo tem alguma graça?	36
Qual seria a alternativa?	37
3. O manual do bom palhaço	39
As ações e reações automáticas	41
As atitudes falsas	43
Ausência de defesa	46
Então, mãos à obra!	48
4. Somos todos ridículos, você também	51
Ser autêntico	52
Diversão versus seriedade	55
As crianças como inspiração	57
5. A clareza e a simplicidade	61
Romper a quarta parede	61
Onde está a graça?	62
O tempo do clown	64
As pausas	65

6. A linguagem clownesca — **67**
   A linguagem não verbal — 67
   O conteúdo emocional — 72
   O jogo da voz — 75

7. Cair na tentação — **85**
   Quanto mais você se diverte, mais os outros se divertem — 86
   A transgressão — 86
   A investigação constante — 89
   A curiosidade infantil — 91
   As bobagens — 94
   O sentido do humor — 100

8. O canto dos fracassados — **107**
   Entre a espada e a parede — 107
   O instante mágico — 108
   O direito de mostrar nossa vulnerabilidade — 110
   O exemplo de Pamela — 111
   A aventura de buscar — 116
   Tentativa e erro — 119
   Como foi pra você? — 120
   O canto — 123

9. Estratégias para brincar — **127**
   O prazer interior — 129
   Encontrar o jogo — 130
   Dizer *sim* — 135
   Explicar os porquês — 141
   Como desenvolver uma proposta de jogo — 147

10. Jogando juntos — **165**
   Passar o foco — 166
   Estabelecer uma relação — 169
   Poder ou status — 172

11. A casa encantada **181**
Leões e fantasmas 181
O importante papel do coração 182
O medo como desafio 184
Perder o medo do medo 185
O medo cênico 186
O medo do ridículo 189
O medo de não estar à altura 191
O medo de perder o controle 193
O medo do sucesso 195
Sua casa encantada 198
12. O objeto do desejo **199**
O sucesso garantido 202
Improvisar ou definir? 204
As boas ideias 206
A paixão 207
Ensinamento eficaz 208
Alunos bem-sucedidos 210

Agradecimentos

Sem o apoio, incentivo e amor de todas essas pessoas, eu teria desistido durante o longo processo que vivi para escrever este livro que está em suas mãos. Estou profundamente agradecida a todas elas.

Alex Navarro e Amara, sem os quais nunca teria aprendido tanto, confiado tanto em mim, nem escrito tanto. Seu apoio incondicional, suas sugestões e comentários, seu imutável interesse por tudo o que escrevia, fizeram deste livro um projeto comum, mais do que um mérito individual.

Meu pai que, desde a infância, me incutiu a paixão pelos contos, livros e o teatro.

Minha mãe que, através da sua paixão pela arte e pelos artistas, me ensinou a ter prazer em ser extrovertida e um pouco louca.

Minhas irmãs, com quem aprendi o prazer de rir e transgredir as normas.

Juan Carlos Valdovinos, cujo entusiasmo, sabedoria e generosidade me deram coragem para seguir escrevendo.

Leonardo García, meu mestre psicólogo (e excelente clown), que se mostrou sempre disposto a esclarecer minhas dúvidas e a responder minhas perguntas.

Meus mestres de clown, que abriram meus olhos escancaradamente, despojando-me de tudo, menos do meu nariz vermelho, e me animaram a ir além do que eu acreditava ser capaz.

Meus amigos palhaços, essas calorosas e intrépidas pessoas que amam esta arte com a mesma loucura que eu, que me fizeram rir até chorar, expandiram meu coração e que, sem hesitar, ofereceram seu tempo e conhecimento.

Os palhaços profissionais que, através da sua paixão, dedicação e transbordante criatividade, me incitaram a seguir no caminho. Vê-los em ação não apenas me fez rir, como me alimentou, instruiu e inspirou.

Finalmente aos meus alunos, sem os quais nunca haveria buscado as respostas para tantas perguntas. Foram meus guias nas aulas e também na hora de escrever. O que quiseram saber foi o meu ponto de partida em cada capítulo.

Nota da autora:

O método de ensino apresentado neste livro provém dos cursos que ofereci junto com Alex Navarro (meu marido), entre 1998 e 2011.

O conjunto das experiências relatadas é o resultado da nossa parceria e mútua criatividade. Mudei os nomes dos alunos nos exemplos de improvisações de alguns capítulos para proteger a confiança que depositaram em mim. As pessoas às quais cito com nome e sobrenome são verdadeiras. Ao longo deste livro optei por utilizar o termo palhaço na forma masculina, para não ter que esclarecer em cada caso palhaços e palhaças. As palhaças existem e de fato são cada vez mais numerosas, e tenho que admitir que isso me deixa extremamente feliz.

Nota do editor:

Agradeço a Alex Coelho pela disponibilidade para solucionar algumas dúvidas nesta tradução, e meu muitíssimo obrigado a Rodrigo Robleño por suas explicações, sugestões e carinho que colocou ao revisar meticulosamente o texto desta obra.

Prólogo

O palhaço que existe em você é uma ferramenta teórica e prática, útil para aqueles que estão se iniciando na arte do clown, para quem deseja iniciar-se ou para quem, simplesmente, pretende adquirir conhecimentos tanto sobre o apaixonante mundo do clown quanto sobre a formação clownesca.

Ler este livro vai, por um lado, ajudá-lo a entender e aprofundar em alguns aspectos da técnica e de nosso método pedagógico, e por outro, lhe dará claves para superar certos bloqueios que você possa encontrar em processos de aprendizagem. Além de uma análise detalhada dos princípios essenciais do clown, contém exemplos de improvisações de nossos alunos, jogos e exercícios, e citações extraídas em sua maioria das entrevistas que Caroline realizou com palhaços profissionais.

A partir dos nossos primeiros cursos de clown em Las Vegas para artistas do Cirque du Soleil, em 1998, Caroline e eu ministramos cursos na Espanha, Portugal, Alemanha, Estados Unidos, Porto Rico, Costa Rica, Peru, Colômbia e México. Sua longa trajetória exercendo a docência clownesca e percorrendo palcos (desde 1985) fazem de Caroline uma voz a ser considerada. Uma voz que reivindica o clown como uma arte.

Em algumas ocasiões, me encontrei com pessoas que me perguntaram a que me dedico, e ao responder-lhes "sou palhaço", me respondiam, "sei, mas... você vive de quê?" Como se alguém não pudesse ganhar a vida trabalhando como palhaço. Não conseguiam entender, como disse Annie Fratellini, que ser palhaço "é um estado de espírito, mas também um ofício".

A formação clownesca, tal como a conhecemos hoje, é algo bastante recente. Tempos atrás, no circo, os conhecimentos deste ofício se transmitiam de pais para filhos, ou entre "famílias circenses", e por outro lado, alguns artistas de disciplinas físicas (acrobatas, trapezistas, etc.) se tornavam palhaços quando seu corpo já não tinha muito fôlego. Ter convivido com palhaços e vê-los atuando durante toda sua vida era o que lhes permitia dar esse passo. Hoje em dia, as novas gerações não apenas têm a oportunidade de adquirir formação, como também a de ver, ao vivo ou virtualmente, grandes palhaços.

Quem sabe por isso, há alguns anos muitas pessoas têm se interessado em descobrir o seu clown. Gente curiosa, intrépida, corajosa... que decide participar de um curso porque não se conforma em estar acomodada em casa, e percebe que por trás do nariz vermelho se esconde um mundo fantástico que abre as portas a um universo que sempre esteve aí, mas que, com o correr dos anos, nos acostumamos a perdê-lo de vista.

O processo de busca do próprio clown dependerá de cada um e das circunstâncias pessoais que viva no momento. Existem alguns que têm um dom inato, pisam no palco e já têm incorporada naturalmente a conexão com o público, o tempo, as ideias loucas e a comicidade. Para outros será um longo, mas apaixonante caminho.

Então... todo mundo pode ser um clown? Não, se pensarmos em termos profissionais. De fato, a maioria das pessoas que se inscreve num curso de clown não o faz por ambição profissional, da mesma maneira que nem todo mundo que estuda violão o faz para subir num palco. Muitos empreendem essa viagem até o seu clown para viver uma experiência insólita, superar medos, melhorar seu sentido de humor ou, simplesmente, para se desinibir e se divertir.

Chegando nesse ponto, devo esclarecer que uma pessoa não se converte num palhaço ao colocar um nariz vermelho. De fato, atualmente, há inúmeros profissionais que não o usam em cena, mas, a partir do nosso ponto de vista, colocar essa bolinha vermelha no nariz ajuda imensamente ao novato a dar os primeiros passos.

Ser clown ou palhaço é muito mais do que colocar um nariz. É uma arte que requer não só muita criatividade, cumplicidade com o público e uma particular visão do mundo, como, e principalmente, uma grande honestidade cênica.

Há alguns anos acompanhei Caroline a uma apresentação, e enquanto ela preparava seu material e se maquiava, fui beber algo num bar do local. Não havia começado a saborear o meu café quando um homem bem idoso perguntou:

—*O que vão fazer esta noite?*
—*Minha mulher vai se apresentar. Uma palhaça — respondi.*
—*Nossa! Não diga isso — respondeu assombrado e irritado.*
—*Por quê? Disse algo de errado? — perguntei.*
—*Diga que é uma atriz, mas não a chame de palhaça... — disse bruscamente, como se defini-la como palhaça fosse depreciá-la.*

Tratei de fazê-lo entender que ser um palhaço é tão digno como ser mecânico, médico ou qualquer outra coisa. Não foi uma tarefa fácil. É um claro exemplo do conceito errôneo que algumas pessoas ainda têm da figura do palhaço. Como conhecem pouco sobre o significado de ser um palhaço!

Imaginemos por um momento um mundo habitado exclusivamente por palhaços... As guerras seriam feitas com tortas de chantilly, os fracassos seriam aplaudidos, a economia seria um fantástico caos, onde dois mais dois seriam cinco e para presentear alguém bastaria um pedaço de madeira e uma caixa de papelão, que se converteriam imediatamente num barco pirata e uma luneta. Seria um lugar onde a ingenuidade e a ternura estariam na ordem do dia, onde se olhar nos olhos ao falar com alguém seria algo habitual e se mostrar vulnerável ou compartilhar as emoções, algo cotidiano. Definitivamente, um mundo em que brincar seria obrigatório, o riso estaria sempre presente e a maior responsabilidade seria desfrutar e se divertir.

Alex Navarro

Alex Navarro, palhaço desde 1986, clown do Cirque du Soleil no espetáculo Mystere (Las Vegas, USA, 1998-2000), formador, diretor e criador do www.clownplanet.com.

1
Introdução

Os conhecimentos sobre a técnica do palhaço foram mantidos, durante muito tempo, como um segredo profissional. Alguns clowns contemporâneos (a maioria também profissionais e docentes como eu) começaram finalmente a escrever sobre sua arte, mas ainda há muito a ser esclarecido e desvendado. O problema é que durante décadas a figura do palhaço foi desfigurada e mal interpretada. A maior parte da sociedade moderna ainda considera que os palhaços não são artistas. Palhaços? Um bando de estúpidos!

Este livro se opõe totalmente a tal conceito do palhaço. Ao contrário, é uma reivindicação de todo o talento, habilidade e audácia necessária para encontrar, estimular e liberar o clown que trazemos dentro. Fazer as pessoas rirem é muito mais complexo e fascinante do que possa parecer à primeira vista. O estudante de clown não tem somente que aprender os preceitos básicos de como ser engraçado; fazer sucesso diante de qualquer público consiste em muito mais do que isso. Portanto, proponho uma mudança radical na percepção geral dessa arte antiga e excepcional. Meu propósito com este livro é persuadir aos leitores de que os clowns contemporâneos são em sua maioria pessoas maravilhosas.

A arte do clown, como todas as artes, exige que você seja um canal de expressão criativa. O que você vai expressar como clown é a sua essência, sua experiência vital e sua visão pessoal do universo. Por isso, para descobrir seu próprio clown não importa a idade, não precisa estudos prévios, nem é necessário ter uma personalidade particularmente cômica. O único requisito essencial é o de estar preparado para compartilhar quem você é, com humildade e humanidade, sabendo que essa aprendizagem singular não tem final previsível. Eu mesma tive o privilégio de ser palhaça durante mais de vinte e cinco anos, mas continuo pensando que ainda me resta muito a aprender.

Desde o princípio e no decorrer da sua formação clown você vai descobrir que na realidade são dois os principais caminhos que deve percorrer: o exterior (o que acontece no palco) e o interior (o que acontece dentro de você). Em ambos os caminhos incríveis descobertas o esperam, começam com o desejo de atuar e fazer com que as pessoas riam, e o levam diretamente a outros grandes encontros com quem você é, sobre a influência que seus pensamentos têm em suas ações e reações, sobre como pode transformar sua realidade e ser mais livre cultivando o sentido do humor.

Alguns palhaços profissionais optaram por focar-se quase que exclusivamente no seu caminho exterior, mas para mim, é impossível ignorar a profunda sabedoria que existe logo abaixo da superfície de toda metodologia clown. Meus alunos constataram e confirmaram meu ponto de vista: o clown é uma arte curativa, além de ser uma atividade gratificante. Entretanto, ao contrário da maioria das técnicas curativas, seu objetivo não é curar doentes, mas revelar a vitalidade inerente a todas as pessoas e desfrutar dela. Esse prazer de ser, que está impregnado na técnica do clown, se complementa com um grande sentido da condição humana que mantém nossos pés na terra. É uma combinação insólita que permite a qualquer um se beneficiar ao experimentar o seu clown, independente de quais sejam suas crenças pessoais ou condição social. O que peço, então, é que você mantenha as portas da sua mente completamente abertas.

 Devo confessar que escrevi este livro ao contrário, o último capítulo foi escrito primeiro e o primeiro, no final (sou uma palhaça, afinal de contas), o que significa que esta introdução na realidade é a conclusão. E concluo que sou apaixonada pela minha arte. Compartilho aqui o que aprendi no desejo de que seja útil para estudantes de clown durante sua formação e consiga convencer a quem ainda esteja indeciso a… pular do trapézio… e sem rede!

2
Perguntas frequentes

O que é um palhaço?

Nas primeiras entrevistas que realizei com palhaços profissionais, eu, como quase todos os entrevistadores anteriores a mim e provavelmente como todos os que virão, sempre fazia a típica e horrorosa pergunta: *O que é um palhaço?*
    Depois das primeiras entrevistas, percebi que estava equivocada. Na verdade, essa é a única pergunta que não deveria ser feita a nenhum palhaço. Quando sou eu mesma que a enfrento, sempre me invade um sentimento de resignação. Por quê? Porque é impossível respondê-la sem escrever um livro (razão pela qual acabei escrevendo um). Uma resposta breve tem que ser poética, criar a ilusão de tê-la respondido, mas deixando uma grande parte para a interpretação. Como é possível descrever um estado cômico em algumas frases? Seria como tentar explicar a experiência do amor verdadeiro a alguém que nunca se apaixonou. Você utiliza palavras para descrever sua arte, mas é consciente de que sua experiência nela é, por natureza, subjetiva. Sendo assim, uma resposta honesta a tal pergunta seria: "Não, por favor, não me faça essa pergunta! Pergunte-me o que um palhaço não é".
    Esta pergunta é muito mais fácil de responder. Todos nós responderíamos mais ou menos o mesmo: "Um palhaço não é uma fantasia, nem uma personagem que se constrói a partir do

exterior e que depois você representa. Um palhaço não é absolutamente um nariz vermelho ou um estereótipo".

Entretanto, num momento ou outro da sua formação você terá que enfrentar, inevitavelmente, a pergunta: O que é um palhaço? Aqui estão algumas das poéticas respostas de profissionais aos quais perguntei antes de decidir não fazer isso nunca mais. Espero que o ajudem!

"Eu agora, depois de 18 anos trabalhando com isso, sinto que o clown é um lugar, um lugar onde você para e vê as coisas realmente de outra maneira."
Wendy Ramos, clown, Peru

"É alguém que põe sua saudável loucura pessoal a serviço do palco e da comunicação. É aquele que é capaz de fazer esse striptease da alma que significa colocar o nariz e entrar nos palcos contar coisas. É um ato de extrema intimidade e vulnerabilidade. Você tem que estar muito aberto, muito disponível e dispor de uma grande humanidade"
Merche Ochoa, clown, Espanha

"Um palhaço é um pouco de anarquia e muito de transgressão."
Jason Vásquez, clown, México

"É aquele que recupera as coisas que se perdem quando a pessoa vai crescendo e se tornando quadrada."
Miguel Ángel Batista, clown, Espanha

"É você mesmo, mas caracterizado. É a caricatura do indivíduo, sendo que a pessoa continua presente. Ali estão seu rosto, suas virtudes, seus defeitos, suas manias e obsessões, mas você joga com eles: um penteado um pouco diferente, um aspecto estranho, um comportamento excêntrico."

Andrés Aguilar, clown, México

"É alguém que usa ou não uma máscara muito pequena e se deixa ver completamente nu. É ter essa enorme liberdade de mostrar a si mesmo para que os outros riam. Além disso, é um comunicador, pode provocar, comover, incomodar."

Lila Monti, clown, Argentina

"O que tenho certeza como palhaça, é que minha diferença é o que tenho de mais precioso, o que sei fazer e que nenhum outro palhaço sabe fazer, minha maneira de entender o mundo. Com isto estou trabalhando: quem sou eu, quais são as coisas pelas quais me apaixono, quais quero explicar, quais ofereço aos outros."

Pepa Plana, clown, Espanha

Um clown é o mesmo que um palhaço?

Ao longo deste livro usarei os dois termos para referir-me aos palhaços, mas não os usarei indistintamente. A palavra *clown* é, obviamente, o equivalente inglês da palavra *palhaço*, mas, atenção: não a uso por ser inglesa!

Não sei exatamente quando os palhaços hispânicos começaram a usar a palavra *clown* em vez de *palhaço*, mas acho que foi há umas três décadas atrás. (N.T. 1: a autora mora na Espanha desde 1989) Hoje em dia, entre os profissionais, se entendem ambos os termos, mas nem todos estão de acordo com o uso da palavra inglesa nem com que exista alguma diferença entre ambas. Todos os profissionais que se denominam clowns diriam, sem vacilar, que são palhaços. Não que sintam rejeição pela palavra, mas porque sentiram a necessidade de se desvincular de alguma maneira das associações negativas e estereotipadas predominantes na mente coletiva. A palavra palhaço, para muitos, continua evocando a imagem de uma pessoa com uma fantasia e um nariz vermelho que se apresenta exclusivamente para crianças. Os clowns quiseram romper com esse molde, que nunca, com certeza, coincidiu com a realidade.

Os palhaços, é claro, existem há séculos, mas só a partir do século XX começaram a utilizar o nariz vermelho e a fazer entradas para o público circense. Esses palhaços, tradicionais ou clássicos, continuam sendo fonte de inspiração para muitos clowns hoje em dia, mas muitos outros inventaram novos estilos, seguindo seus próprios gostos e ideias. A maioria destes últimos deixou para trás o figurino tradicional e abandonou os picadeiros dos circos para seguir buscando, evoluindo e assim chegar a outros públicos. Hoje vemos palhaços que oferecem seu espetáculo em hospitais, escolas, empresas, ruas, teatros, prisões...; pra falar a verdade, em quase todas as partes. Esta recente "revolução" no mundo do clown é o resultado de uma experiência individual e coletiva contínua, e de uma atitude aberta a mudanças.

> "Tradicionalmente o palhaços foram multidisciplinares (acrobatas, malabaristas, músicos), e mesmo que estes continuem existindo, em sua maioria o clown atual se especializou na vertente cômica".
> *Alex Navarro, clown, España*

O clown sobre o qual pesquisei e escrevi este livro é, de fato, contemporâneo e de ambos os sexos. O certo é que os clowns contemporâneos estão começando a dar os primeiros passos para tentar explicar sua versão de palhaço, mas continua existindo muita resistência dentro da profissão para ser classificado. Portanto, não nos surpreende que continue havendo tanta confusão sobre os palhaços. O fato de nos agruparmos baixo uma única denominação sem outras qualificações está criando problemas, inclusive para nós mesmos. Frequentemente assisto a espetáculos de palhaços, mas quase nunca sei o que vou encontrar. Não me refiro somente à qualidade ou talento, também a estilos e gostos. Às vezes, vendo algumas dessas apresentações, me sinto como uma amante do jazz vendo Psy cantando Gangnam Style, valorizo o entusiasmo, e nada além.

Em minha opinião, acho que nos faríamos um favor, e também ao nosso público, se esclarecêssemos o que nos distingue e o que nos une. Sei que isto é difícil, porque a arte do palhaço está em constante evolução, mas agora que esta arte desperta muito mais interesse, agora que há muitos mais alunos que desejam aprendê-la, nossa arte deve começar a ser definida, para poder continuar crescendo e chegar cada vez mais a um maior número de pessoas.

Sendo assim, usarei a palavra *palhaço* para me referir à minha arte e aos que a exerceram como tal. E usarei *clown* para me referir à nova interpretação desta arte e à nova geração de palhaços. Não nego que em essência significam o mesmo: um clown é um palhaço, com sentido de humor atual, mas um palhaço de coração.

Há um clown dentro de nós?

Outra pergunta frequente, mas muito mais fácil de responder. Sim. Todos nós temos uma identidade clown, um clown-id (Freud era excessivamente sério e trabalhador para se dar conta disso). Todo mundo, com um pouco de ajuda, pode experimentar o palhaço que habita em si, esse eu que simplesmente é, esse eu divertido e engraçado, amante do jogo. Na realidade, no momento em que você deixa de lado o seu eu organizado, realista, crítico e moralizador, aparece seu clown com toda facilidade. Ele estava esperando entre os bastidores da sua consciência, meio impaciente, disposto a aproveitar a primeira oportunidade que lhe desse para aparecer em cena.

O problema é que até que não tenha experimentado realmente o seu clown, mesmo que tenha sido só durante umbrevíssimo instante, é difícil acreditar. Como também você custará a crer até que ponto pode ser viciante experimentar essa versão maluca de você mesmo. Os clowns infundem vida nas pessoas, as tornam mais leves. Meus alunos costumam ficar assombrados e muito satisfeitos depois de conhecerem o seu eu mais efervescente e audaz.

Existe a ideia generalizada de que esta identidade clown é, em realidade, a criança interior, mas não é. Os clowns não são crianças, mesmo que certamente não perderam de vista sua infância e nem deixaram de observar as crianças. Os clowns incorporaram aspectos da criança que foram e das que estão ao seu redor, mas não ficaram parados no tempo.

Se você perguntar a qualquer profissional "Quem é o seu palhaço?", todos lhe darão uma resposta completamente pessoal. Todos os clowns convivem num mesmo "parque de diversões", mas cada um tem seu próprio carisma. Se você já experimentou o seu clown, saberá que é como se acabasse de sintonizar em uma frequência concreta. Quando você recebe o sinal, continua sentindo-se você mesmo, mas com menos complexos e mais criatividade.

Perguntas frequentes

Como sintonizar com a frequência clown?

Cada indivíduo, e seu clown, são únicos, por isso cada um deve encontrar sua própria maneira de "se conectar". O docente pode orientar seus estudantes numa boa direção, mas não está em suas mãos abrir as portas para que o seu clown saia; isso depende exclusivamente de cada aluno. Como muitos professores, nas minhas aulas de clown, utilizo jogos e exercícios para estimular a consciência, a abertura e a confiança, e também para ensinar a habilidade cênica e, sem dúvida, a técnica.

Fundamentalmente, peço aos meus alunos que improvisem, não que preparem números, porque a improvisação é uma ferramenta de aprendizagem muito mais valiosa, inclusive para clowns experientes. Às vezes deixo os estudantes de nível médio preparar material, mas sempre lhes aviso que provavelmente não chegarão a representar o que prepararam. Muito frequentemente, ter planejado um número faz com que, ao mostrá-lo em cena, os alunos percam os seus clowns e o contato com o público, o que significa que não estão aprendendo nada.

Se os alunos têm que improvisar, ocorrem coisas extraordinárias e divertidas. Às vezes, o material que surge é muito mais cômico que algumas apresentações profissionais. *Wikipedia* dá uma definição muito útil da improvisação:

> A prática de representar, cantar, falar e reagir, de fazer e criar, no momento e como resposta ao estímulo do nosso entorno imediato e de nossos sentimentos íntimos. O resultado pode ser inventar novas formas de pensar, novas práticas, novas estruturas ou símbolos e/ou formas de interpretar. Este ciclo inventivo se realiza de modo mais efetivo quando quem o pratica possui uma compreensão profundamente intuitiva e técnica das habilidades e das inquietudes necessárias dentro do terreno improvisado.

O clown e a improvisação andam de mãos dadas. Os clowns são espontâneos, impulsivos e intuitivos por natureza. Porém, as pessoas em geral nem sempre se sentem muito criativas, tampouco são capazes de se permitir serem clowns porque sim, e ponto. Aprender a sintonizar com o seu clown quando quiser requer tempo e dedicação. Adquirir a técnica clown te proporcionará recursos muito valiosos e a confiança para utilizá-los nas improvisações. Você também começará a adquirir a informação física ou emocional sobre o seu clown, que lhe permitirá encontrá-lo cada vez com mais facilidade. Como em qualquer outro campo, a prática leva à perfeição.

Existem diferentes pedagogias no mundo do clown?

As gerações anteriores de palhaços se mostravam surpreendentemente reticentes para treinarem os recém chegados à profissão. Tendo em vista que, no principio do século passado, os palhaços copiavam os números uns dos outros sem grandes considerações, poderíamos entender que existisse certa resistência para compartilhar conhecimentos com qualquer um, mesmo que, na realidade eram muito poucos os que chegavam à profissão a partir "de fora" (a maioria dos palhaços tinha sido criada em famílias circenses).

Há umas quatro décadas, um reduzido grupo de intrépidos pioneiros se encarregava do ensino do clown (Jacques Lecoq, Philippe Gaulier, Pierre Byland, Annie Fratellini, entre outros), mas nos últimos anos o número de professores aumentou consideravelmente. Se você já iniciou sua formação e começou a observar e analisar os espetáculos que os palhaços oferecem, também terá descoberto com surpresa que cada professor e cada palhaço profissional parecem possuir uma peça diferente do imenso e complicado quebra-cabeça que é esta arte. Segurramente que alguns professores se contradizem entre si, ou não têm exatamente a mesma opinião que outros. Isto é inevitável. Não existe uma verdade absoluta, apenas uma verdade pessoal, e a realidade é que cada qual tem que encontrar a própria.

Os mestres de clown são guias que podem ajudá-lo a encontrar o seu clown, e a entender como desenvolvê-lo e cultivá-lo. Podem desempenhar um importante papel para que você avance, tanto pelo caminho interior como pelo exterior. É uma pena que ainda existam mestres que, como parte do seu método docente, maltratem, física ou psicologicamente, seus alunos, porque consideram que esta profissão não é para os fracos de espírito. Talvez seja assim, mas depois de mais de dez anos dando aulas, acho que estes tipos de métodos, embora tenham como finalidade fazer emergir o seu clown, acabam sendo um freio para muitos alunos, e a alguns pode causar um dano que demorará a ser reparado. A melhor ajuda para o ensinamento num processo educativo, que em algumas ocasiões é exigente, intangível e que propõe desafios psicológicos, é o ânimo, a generosidade e a solidariedade.

Quando comecei a dar aulas cometi o erro de pressionar e exigir demais dos meus alunos. Logo me dei conta de que com aquele método não conseguia melhorar sua capacidade de sintonizar. Também me dei conta de que nas aulas de clown, quase todos os alunos tendem a se castigar, se batendo depois de cada fracasso com seu próprio taco de beisebol mental. Aos alunos se deve ensinar que se castigar com a própria crítica negativa é o pior que podem fazer. Quando a pessoa tem medo, ou quando se sente inseguro ou desvalorizado, o clown se encolhe e desaparece. Além do mais, esta crítica negativa, que nasce da ideia absurda de que a arte do clown se aprende num abrir e fechar de olhos, com frequência é equivocada. Esta arte, como qualquer outra, requer anos de aperfeiçoamento. Portanto, o único taco que permito aos meus alunos usarem para ventilar sua frustração é um taco real, inflável e macio. E, apesar de ser um taco inofensivo, proíbo-lhes que se deem golpes em si mesmos, só lhes permito golpear a parede ou o chão, e atrás do pano, para que o façam à vontade.

O humor agressivo tem alguma graça?

Sou bem consciente de que o que parece engraçado para cada um pode variar bastante, mas, na minha opinião, o humor agressivo, que significa utilizar o humor para degradar ou manipular outras pessoas, é totalmente incompatível com a filosofia do palhaço. Qualquer um que tenha se aprofundado um pouco nesse tema sabe que o palhaço não pretende dominar ninguém. Pelo contrário, o que lhe move é a busca da liberdade.

Reconheço que os "palhaços" agressivos têm seus seguidores. A crueldade rompe com todos os tabus e, como consequência, para algumas pessoas pode ser atraente. Talvez não sejam conscientes disso, mas todo ato de crueldade oculta uma convicção de que a pessoa a quem está sendo dirigido, merece o maltrato. O indivíduo se converte num estereótipo: homem musculoso, homem fraco, mulher gorda, mulher magra, criança malcriada, etc.

Jogar com estereótipos é uma forma fácil de conseguir gargalhadas, mas demonstra um nível baixo de criatividade, sensibilidade e afetividade. Parece tentador, para quem ostenta uma posição de poder, fazer piada com os que são vulneráveis, mas a intenção oculta não é muito positiva. A violência só cria mais violência. É um jogo perigoso, já que cedo ou tarde alguém se virará contra você. Na realidade, corre o risco de que todo o público se vire contra, porque um mau trato provoca emoções intensas nas pessoas: indignação, medo, ira, insegurança, tristeza. Este tipo de sofrimento não pode ser ignorado por muito tempo, o público verá as vítimas sofrerem e começará a se sentir incômodo. Começará a se dar conta de que sacudir aquela criança como se fosse um saco de batatas não tem nenhuma graça, ou de que você machucou o homem sobre o qual acaba de pular, ou de que a mulher que se negou a ficar de joelhos tem todo o direito de dizer não.

Estar no palco é um privilégio que o público lhe concedeu, porque você se proclamou artista. A arte que você quer mostrar depende de você, mas acho que um uso positivo da posição de poder faz parte da arte do palhaço. Os palhaços mostram seu próprio ridículo primeiro, e só depois têm o direito de rir da estupidez dos outros.

Qual seria a alternativa?

Um amigo clown me disse que o humor é a linguagem que os palhaços utilizam para compartilhar suas histórias, emoções e aventuras. Pedi-lhe que escrevesse algo para incluir neste livro e concordou. Depois de uma semana me mandou isto:

> *Estou há quase uma hora escrevendo sobre "o humor" e aqui está o meu progresso: quando estou no terceiro parágrafo releio o que pus, não gosto, reescrevo de novo, leio, não gosto, corrijo, leio, penso que não me explico bem, reescrevo, releio, não gosto, releio, não é isso o que queria dizer, reescrevo, releio, acho que não se entende, leio, choro, reescrevo, sinto pena de mim, escrevo, me entristeço, reescrevo, coço a cabeça, releio, reescrevo, rechoro e recoço, re não gosto, re corrijo, retudooooooooooooooooooooooooooooooooooooooo....*
> *Conclusão: não sei escrever.*
>
> Carlo Mô, clown, Espanha

Carlo Mô é um clown profissional que teve e tem muito sucesso em sua carreira. Com ele, a gargalhada é contínua, no palco e fora dele. Como é possível que não saiba explicar o humor?

Por mais estranho que pareça visto de fora, o humor não é uma matéria que se ensine nas aulas de clown. Não ensinamos aos alunos a ter sentido de humor, entendemos que todos têm um e que o único que precisam é de um pequeno empurrão, no máximo. Aquilo que realmente ensinamos é como fazer as pessoas rirem, o qual, certamente, implica em aprender como ser cômico, mas não é um processo intelectual. Não existem modelos cômicos predeterminados, porque como e quando representar uma gag específica é quase tão importante como a própria gag.

Aprender a fazer rir é muito complicado: existem muitas camadas de informação e de habilidades que você deve adquirir e praticar. Em todas elas o humor está implicado, mas cada uma aborda um aspecto diferente dele. Seu clown utilizará seu sentido de humor particular cada vez que a ocasião se apresentar, mas também adotará um estilo humorístico mais universal quando lhe parecer conveniente. O humor positivo agrada universalmente, pois é um estilo que fomenta a saúde e o bem estar psicológico. Ao adotar este estilo facilitamos o trabalho do clown, porque o riso que provoca é catártico, o que significa que o público estará cada vez mais disposto a rir. O humor positivo implica num olhar positivo da vida, inclusive diante da adversidade, nos permite ser capazes de rirmos da nossa própria condição humana, sem perder por isso a autoestima, e facilita dispersar as tensões emocionais.

A sociedade europeia necessita cada vez mais de humor. Depois de décadas sob o domínio da seriedade, valores como o trabalho competitivo e o acúmulo material, finalmente as pessoas compreenderam que a verdadeira felicidade está em outra parte. Hoje desejamos um prazer duradouro e o sentimento libertador que o riso nos provoca. Os clowns nos oferecem uma opção alternativa. Animam as pessoas a brincarem, a serem elas mesmas, a encontrarem o prazer interno e arriscarem a abrir seu coração.

3
O manual do bom palhaço

Representar um palhaço ou ser um palhaço, qual é a diferença? Pois a mesma que há entre alguém que constrói seu palhaço a partir de um clichê e alguém que o faz a partir da sua própria personalidade, quer dizer, entre alguém que se esconde atrás de uma fantasia (literal ou psicológica) e alguém que se mostra tal como é. Representar um palhaço é se limitar a imitar um estereótipo, ser um palhaço é se abrir às múltiplas facetas ridículas de si mesmo.

É muito fácil observar a diferença sob o ponto de vista do público: quando você está vendo um palhaço em ação e sente que ele não está transmitindo algo honesto, novo e vivo, quer dizer que está representando a "personagem", que está utilizando gestos e expressões arquetípicas dessa personagem, mas que não são propriamente seus. Sua atuação, então, fica na superfície, não é algo que sai de dentro, de um impulso pessoal, e por isso passa como falso e pouco convincente. Se, ao contrário, você sente que o palhaço o está convidando a participar do seu próprio universo, que reage ao que acontece a partir do seu próprio leque de expressões, então você está vendo um palhaço autêntico.

"O personagem palhaço" aparece nos anos setenta, quando os mímicos começaram a usar figurinos e maquiagens similares aos dos palhaços. Alguns escreviam livros sobre como ser um palhaço, mas já que eram mímicos, na verdade o que estavam descrevendo era como imitar um palhaço. Por uma ou outra razão, os palhaços nunca quiseram esclarecer por escrito a enorme diferença entre sua arte e a arte da pantomima, então estes livros exerceram uma forte influência sobre gerações de palhaços amadores e profissionais que, por falta de informação alternativa, recorreram a eles. Tanto ficou gravada esta influência e a consequente proliferação de imitadores de palhaços na nossa cultura que dá a impressão de que fazer caretas exageradas é um critério para se converter num palhaço. Não é assim.

Venho há mais de vinte e cinco anos buscando informação sobre a arte do palhaço, através de cursos, apresentações, conversas e experimentações. No princípio, quando mal havia estudado, montei um espetáculo infantil no mais puro estilo "personagem palhaço", e durante dois anos fiz apresentações em escolas. Fui incorporando cada vez mais uma versão pantomímica das minhas expressões emocionais até automatizá-las, até criar máscaras rígidas delas. Pensei que assim chegaria a ser uma boa palhaça, com expressões estúpidas perfeitas e um domínio corporal absoluto, mas na realidade estava me afastando cada vez mais da minha verdadeira palhaça, e inconscientemente sabia disso. Depois de dois anos tentando melhorar minha atuação por minha conta, ainda me sentia incômoda, inclusive tensa, em cena. Eu sentia que me faltavam recursos e, pior ainda, que meu espetáculo não me convencia completamente.

Foi quando decidi recorrer a uma escola de circo para estudar com Franki Anderson, em Fooltime, Bristol (Reino Unido). Foi um luxo descobrir pela primeira vez o verdadeiro mundo do palhaço pelas mãos desta professora. Naquela época não havia muitas palhaças no mundo, mas ela tinha sido e levava anos ensinando. Estudar diariamente com ela me abriu os olhos. Chamava-me "sargenta", pela minha maneira tão rígida e autoritária de atuar, e me incentivava a abandonar minhas medalhas. Abandoná-las foi uma tarefa difícil e dolorosa, e não o consegui de um dia para o outro. Sem minhas máscaras me sentia nua e indefesa, e faltava confiança em mim mesma para deixá-las de repente. Mas, pelo menos já sabia que devia fazê-lo, que aquilo era necessário se queria crescer e chegar a ser, de verdade, uma boa palhaça.

Meu aprendizado durou anos. De fato, durou tantos anos como o tempo em que me dedico a ser palhaça, porque a medida que vou crescendo e mudando, minha palhaça também vai. Ela não é uma personagem fixa e estática, nem é perfeita, como eu mesma não posso ser. Gosto que seja assim. Com ela aprendo como sou; solto suas rédeas para me surpreender, e sempre o faz, o que é fascinante. O fato de ter vivido a diferença na primeira pessoa me permite dizer, sem a menor dúvida, que ser palhaça não é somente apaixonante, como também é saudável, para si mesmo e para os outros.

As ações e reações automáticas

Nos cursos de iniciação ao clown que Alex Navarro e eu damos juntos, não distribuímos narizes de imediato. Primeiro pedimos aos nossos alunos que brinquem e sejam eles mesmos no palco. Mesmo assim, nos demos conta de um estranho fenômeno que acontece com algumas pessoas quando põem o nariz. De repente, perdem a autenticidade que tinham antes de colocá-lo. Entram em cena com uma alegria forçada ou gritando "olá!", com uma vozinha aguda, fingem um escorregão e caem de bunda, ou adotam uma atitude "infantiloide". Empenham-se em fazer coisas sem sentido, ou nos pedem um aplauso sem nos ter oferecido nada. Evidentemente, ninguém ri dessas ações. Na verdade, são recebidas com um silêncio incrédulo ou olhares irônicos entre os membros do público.

Isto ocorre tão frequentemente que demos um nome a tal fenômeno: "O manual do bom palhaço", que é como chamamos toda ação ou reação automática ou falsa de nossos alunos quando improvisam fazendo exercícios de clown. Trata-se de uma imagem que nos parece útil, porque abrange o problema como um todo e, ao mesmo tempo, oferece uma solução fácil, a de jogar o livro na lata de lixo.

A ação automática nasce de uma necessidade de fazer. O aluno "faz" muito (se movimenta, gesticula, fala), mas não vive nenhuma das suas ações no aqui e agora; não sente o que sua ação provoca em outros e em si mesmo; não faz pausas, nem sequer para respirar. Essas são ações sem consciência, e é precisamente este elemento, a consciência ou a falta dela, o que distingue o jogo falso do verdadeiro. O jogo do clown se baseia em ser consciente e estar presente em cena. O verdadeiro clown não passa à ação e ponto; faz justamente o necessário, no momento mais oportuno. Age porque quer mostrar algo concreto que lhe parece cômico ou para criar um efeito ridículo, preparar o terreno para uma gag, envolver os demais no seu jogo, etc.

> "Se numa improvisação com outro companheiro, este lhe dá um pontapé na bunda e você fica "com raiva", costuma ser uma reação automática. Se você se permitir sentir, quem sabe... de repente, você gosta e se cria um jogo fantástico."
> *Alex Navarro, clown, Espanha*

As reações automáticas mais comuns são:
- Alguém o olha nos olhos de perto: você se apaixona.
- Alguém se machuca: você o consola.
- Alguém o rejeita em público: você se entristece ou chora.
- Alguém sorri para você: você fica contente.
- Alguém lhe faz "Buuuhhh": você se assusta.

Essas reações —e muitas outras—, com frequência se expressam de maneira pantomímica ou exagerada. Em cada gesto se vê claramente um estereótipo, a tristeza, por exemplo; o aluno encolhe os ombros, faz uma careta e utiliza os punhos para secar as "lágrimas".

Você age ou reage automaticamente?
É fácil saber: cumprimente um amigo agora mesmo (se não há nenhum por perto, imagine que há). Agora cumprimente um desconhecido. O que você fez? Repetiu o mesmo gesto e empregou o mesmo tom de voz, ou houve mudanças na sua expressão facial, vocal e gestual? Saiu com naturalidade nas duas vezes? Você sentiu a diferença? (e por sentir não me refiro somente às suas emoções, mas também às suas percepções sensoriais e aos seus impulsos instintivos não censurados). Quanto mais orgânica for a sua expressão, mais autêntico será o seu clown.

As atitudes falsas
A criança estereotipada
Se você ainda está buscando o seu clown, evite os estereótipos como a peste, particularmente as atitudes e gestos infantiloides, como retorcer a roupa com as mãos, fingir timidez ou falar com voz de apito.

  Na aula, quando alguém começa a agir desta maneira lhe pergunto: "Quantos anos você tem?", o que sempre faz com que os membros do público riam, porque para os que observam é evidente que não tem a idade que finge ter. Mas para o que está atuando não é nada óbvio. De fato, o normal é que resista à situação respondendo como se tivesse de cinco a dez anos, em vez da sua idade real. Em tal caso, continuo fazendolhe a mesma pergunta até que acaba dizendo sua verdadeira idade, o que pode custar muito, inclusive mesmo que entenda de certo modo o que pretendo conseguir perguntando-lhe isso. Em qualquer caso, quando diz sua verdadeira idade muda sua expressão completamente; cai a máscara e ali está ele, com sua voz e seu olhar verdadeiro. Finalmente!

Algumas pessoas integram o ensinamento num instante, e não voltam à criança estereotipada, mas outras custam a tirar essa máscara. Nestes casos, recorro ao humor para provocar uma resposta imediata. Encontrei várias maneiras eficazes para fazer isto, mas a minha preferida é a seguinte: se vejo que alguém finge ser uma criança, lhe pergunto seu nome. É algo fácil que pode dizer sem pensar. Se responde "Carlos", eu lhe pergunto "Carlos ou Carlinhos", para que se lembre da sua idade. Normalmente isto é suficiente para que perceba, mas se necessita mais ajuda ainda, lhe digo: "Carlinhos, você pode ir para trás do biombo e pedir ao seu irmão mais velho que saia?" Este estímulo tem uma dupla finalidade. Primeiro "Carlinhos" pode sair de cena com dignidade e rindo, e voltar a entrar como Carlos "O mais Velho", pedindo desculpas pelo deplorável comportamento do seu irmão mais novo. Também pode entrar ameaçando o menor, dizendo que vai contar tudo ao papai e à mamãe. Pode inclusive discutir acaloradamente com seu "irmão" atrás do biombo! Seja como for, a entrada de Carlos "O Mais Velho" será acompanhada quase sem exceção de aplausos e risos, e seu sucesso ficará gravado em sua mente, o que facilitará sua aprendizagem posterior.

Porque é melhor evitar a criança estereotipada? Pela simples razão de que seu clown tem a idade que você tem. Pode ser que seja uma criança em seu coração, mas em todo caso é uma criança real, enquanto a estereotipada não.

Uma criança real expressa suas emoções de maneiras surpreendentes. Minha filha se perdeu quando tinha quatro anos, uma situação que evidentemente foi demais pra ela, entretanto quando a encontrei nem sequer estava chorando. Sua maneira de expressar o susto tremendo que havia levado foi chupar a manga da camiseta até deixá-la empapada de saliva. Você notará, se observar as crianças de hoje, que em nenhuma etapa do seu desenvolvimento utilizam gestos estereotipados como os que me referi antes. Na Espanha, por exemplo, são bastante espertas. Aos cinco anos, a grande maioria adora ser protagonista, aprendem a ousadia aos seis ou sete anos, podem imitar um adulto perfeitamente aos oito anos e aos dez, já se consideram um.

O sorriso social

Um sorriso, supostamente, faz com que pareçamos mais simpáticos, afáveis e amigáveis aos outros, mas se é automático e reiterado, só fará com que você se pareça um farsante. A armadilha é usar o sorriso como salva-vidas quando na realidade você sente medo (ou qualquer outra emoção que você não quer mostrar). Para o seu clown, o sorriso social é uma camisa de força. Se você sempre entra em cena sorrindo, já decidiu de antemão que, encontre o que encontrar, você estará feliz (ou pelo menos é o que vai aparentar). Você não está se permitindo ser e sentir, nem deixando espaço a outros desenlaces possíveis. Talvez seu clown seja entusiasta e alegre, e essa seja sua forma natural de entrar em cena, mas você deve estar aberto a mudar de emoção caso a situação requeira.

Ser boa pessoa

A pressão social que nos exige "sermos boas pessoas" condiciona as respostas reais de muitos dos meus alunos. As respostas sempre bondosas são próprias daqueles que, na verdade inconscientemente, querem agradar a todo mundo e com essa finalidade se acomodam em ações e reações sem graça, que não lhes define além do fato de serem "boas pessoas". Em suas improvisações evitam o suposto sofrimento dos outros e resolvem rapidamente os problemas que surgem, apagam o conflito em seu embrião e tentam fazer com que todos se sintam cômodos e amados.

Não há nada de mal em ser bom na vida real. É uma necessidade de sobrevivência. Outra coisa, e muito diferente, é nunca poder romper com esse "molde" —não se permitir nem sequer brincar de estar zangado ou de ser mau—. Quando sempre buscamos a aprovação alheia, no fundo estamos tentando evitar a desaprovação, em vez de sermos fiéis a nós mesmos, o qual é um requisito imprescindível para encontrar o seu clown. Numa improvisação entre clowns o público não lhe julgará por rejeitar, competir, ser diferente, irritar-se, dominar, culpar, enganar ou pisotear, porque não vai levar a sério e sabe que é um mero jogo que você está representando para se divertir.

Voltemos ao cumprimento de antes. Desta vez lhe peço que cumprimente a uma pessoa que você não aguenta mais e que não tem nenhuma vontade de ver. Experimente agora. Não é o mesmo do que cumprimentar um amigo, aposto que não! Cumprimentar alguém que você secretamente ama com loucura será muito diferente do que alguém que você acha repulsivo. E cumprimentar quando estiver triste ou alegre também será diferente. Com tantos estados de ânimos, não tem sentido que em cena você sempre escolha expressar amabilidade. Não é questão de inverter tudo e ser completamente mau, mas de reagir honestamente.

É possível que quando lhe pedi para cumprimentar você não teve vontade e não cumprimentou. No clown esta reação também é muito válida! Você é livre para eleger o que, quando e como. Não há uma única maneira "correta" de atuar ou reagir. Se você sempre tenta fazer as coisas "corretamente" não estará relaxado e não vai desfrutar, e ambas as coisas são essenciais pra fazer rir.

Ausência de defesa

A esta altura você terá percebido que "O manual do bom palhaço" na realidade é um sistema de autodefesa nada eficaz no mundo do clown. E é assim pela simples razão de que um clown não se defende. Quer dizer, deixa as coisas acontecerem, não nega o que sente, não se esquiva do fracasso, não evita sua vulnerabilidade. Aliás, ele se dá ao luxo de ser ingênuo. Não passa pela sua cabeça que alguém vai prejudicá-lo, não espera o pior, não imagina que podem enganá-lo e, portanto, não necessita estar na defensiva. Como nós, o clown é vulnerável; mas ao contrário da maioria, ele mostra sua vulnerabilidade.

No mundo atual é quase impossível sair por aí sem defesas. Então vamos fingir que somos fortes e que nada nos atinge para o caso de alguém desejar nos fazer mal. Só na intimidade nos permitimos mostrar-nos desarmados, e às vezes, nem assim. A verdade é que pode ser muito difícil tirarmos a armadura de defesas que trazemos, e isso não é de se estranhar. Se buscarmos sinônimos para a palavra indefeso, a lista que aparece é de uma negatividade avassaladora que explica tudo: desamparado, desvalido, desprotegido, pobre coitado, abandonado, fraco, encurralado, exposto, perdido. Sendo assim, não é para deixar as defesas em casa, não é verdade?

Mas, você já parou para pensar sobre o quê está protegendo com tanto empenho? Se tanta proteção é realmente necessária? Não vale a pena deixar-se levar às vezes? Livrar-se de tanta armadura pesada? Aplicar o bom humor em você mesmo? Não seria mais emocionante ser generoso e mostrar quem você realmente é? Seu clown, ao estar indefeso, defende amplamente tudo o que é fundamental:

- Sua integridade
- Sua singularidade
- Suas crenças e valores
- Suas verdades pessoais
- Seus tics particulares
- Sua saúde emocional
- Sua criatividade inata
- Sua criança interior

- Seu direito de errar
- Sua solidaridade humana

O único mecanismo defensivo que você vai necessitar em cena é o sentido de humor, que além do mais é o melhor que existe para o dia a dia. Uma arma apta para todos os públicos, eficaz, sábia e agradecida.

Então mãos à obra!

Se lendo este capítulo você se deu conta que incorporou algum aspecto do "Manual do bom palhaço", parabéns! O primeiro passo é admitir onde você se encontra. O segundo passo, obviamente, é tentar fazer algo a respeito. Para crescer como clown (e também como pessoa) você tem que tomar consciência das vezes que atua ou reage de maneira automática. Como em tudo, é uma questão de observar e praticar.

Improvisando

Num curso de clown, onde você está experimentando tudo pela primeira vez —porque, inclusive conhecendo o exercício, cada vez que o fizer será diferente—, você tem uma grande oportunidade para aprender a atuar com integridade. Ali você pode se deter, dar um tempo para sentir e estar bem presente. Pergunte a você mesmo: O que estou sentindo? O que quero fazer? Escute o seu corpo, sua respiração, as tensões ou movimentos em qualquer parte do seu corpo, por pequenos que sejam. Deixe-os guiá-lo. Depois olhe e escute o público. Está com você?

Se você pensa que não sente nada em particular, confesse. Como mestre, prefiro que alguém me diga abertamente: "não sinto nada" (o que vem a ser o mesmo que dizer "não sei o que sinto"), porque então posso ajudá-lo. "O que faz você sentir o fato de não sentir nada? Você sente pânico, frustração, raiva, ou nem se importa com o fato de não sentir nada?". Às vezes é necessário ligar o interruptor para restabelecer a conexão com o coração, porque na realidade sempre estamos sentindo algo. Temos cinco sentidos, se um deles falha, temos mais quatro para nos dar informação. "Não me importa ou tanto faz" é uma resposta defensiva, e como disse anteriormente, o clown não se defende, mas toma a decisão vital de sentir, de manter-se aberto ao mundo e a si mesmo, e de mostrar o que sente sem medo.

Diante de um público

Se você já tem um espetáculo ou número de clown em andamento, faça um vídeo e repasse tudo o que você faz. Talvez vá querer mudar coisas e experimentar de novo. Em cena, deixe-se levar, especialmente quando ocorrerem incidentes que não fazem parte do seu espetáculo, pois são momentos apropriados para correr novos riscos. Pode ser que apenas diminuindo a tensão corporal você consiga ser mais autêntico. Seu público —seja adulto ou infantil— é o melhor termômetro. Se suas ações lhe convencem, lhe agradecerá rindo ou aplaudindo, sem necessidade de animá-lo para isso.

Na rua

Para praticar e brincar, a rua oferece infinitas possibilidades e um público real que só estará com você se convencê-lo. Lá também encontrará uma infinidade de estímulos diferentes diante dos quais reagir. Vi mudanças radicais em alguns de nossos alunos depois de tê-los enviado à rua para brincar. Muitos pensam que não serão capazes de pôr o nariz vermelho, mas normalmente são os que depois não os tiram, nem para comer!

Porém, sair para brincar na rua não implica necessariamente em transformar em parceiros todos os que passeiam por ali. Mas se você quiser aproximar-se de alguém, olhe bem nos seus olhos, pois neles verá se lhe dá permissão para jogar. Cabe acrescentar que sempre advirto meus alunos para que sejam comedidos em suas ações, que não passem dos limites, que encontrem a maneira de interagir sem que as pessoas se assustem. Isto é especialmente importante quando há crianças pequenas no meio, já que podem se angustiar se um grupo de desconhecidos com narizes vermelhos se aproxima gritando "Olá!". É fato que as experiências traumáticas com palhaços pouco respeitosos ou exageradamente grotescos produzem medos duradouros. Tanto é assim que os psicólogos tiveram que classificar o medo resultante: a *coulrofobia*. Claro que não foram prevenidos de que o verdadeiro culpado é "O manual do bom palhaço", e não os palhaços autênticos.

4
Somos todos ridículos, você também

Agora que jogamos "O manual do bom palhaço" na lata de lixo, você vai querer saber o que tem que fazer para liberar o seu clown ou melhorar sua técnica. Minha intenção neste capítulo era precisamente dar-lhe uma lista das pautas básicas do clown, de maneira que encontrasse nela uma série de passos a seguir. Mas imediatamente percebi que não funciona assim, o aprendizado do clown não é linear, e os passos que cada um tem que dar variam de indivíduo a indivíduo e é impossível dizer pra você qual é o primeiro e qual o segundo.

Nestas pautas se encontra a arte do palhaço: ser orgânico, brincar, expressar o que sente, compartilhar com o público, ter problemas, fazer bobagens, estar interessado, fracassar, mostrar-se vulnerável, usar seu sentido de humor, exagerar, sentir os ritmos cômicos, repetir seus sucessos, desfrutar, cair nas tentações, ser honesto, transgredir, redescobrir o mundo, reinterpretar os fatos.

São pautas básicas, mas lhe advirto agora que será impossível assimilá-las todas de uma vez (são muitas!). Haverá algumas que serão fáceis de executar, muitas outras que requerem tempo e prática para poder realizá-las. Não se esqueça que saber quais são não é o mesmo que ser capaz de manejá-las em cena. Você vai conhecer como é o seu clown (o que é capaz de fazer, comunicar e sentir) principalmente diante de um público.

De todas as maneiras, não é demais saber os porquês das pautas e o que implica cada uma delas a partir de diferentes perspectivas: técnica, filosófica ou psicológica. Uma vez que isso supõe muita informação, distribuí em vários capítulos. Você pode ler os capítulos na ordem em que estão, ou como quiser, minha única recomendação é que comece com a única tarefa sem a qual não pode ser um palhaço: assumir que é ridículo.

Sim, você é ridículo, todos nós somos (talvez nem o tempo todo, mas com frequência). Portanto, o aprendizado clown consiste em reconhecer e expor habilmente todos estes elementos cômicos que você já tem à sua disposição. Desenvolvê-los e concretizá-los com um sentido de humor capaz de ativar risos nos demais, além de provocá-los e tocar seu coração, depende da capacidade que tenha de ser você mesmo sem subterfúgios, ou seja, autenticamente você.

Ser autêntico

Tempos atrás tivemos um dublê de cinema como aluno. "Isto é fantástico!" nos disse no final do primeiro dia. "Sinto que não faço nada e as pessoas riem. De fato, se tento fazer algo chamativo, pensando primeiro, planejando, ninguém reage, então decidi não fazer nada, que simples!"

Obviamente sua sensação de "não fazer nada" era só isso, sua sensação. Fazia algo cada vez que entrava em cena, e fazia com a máxima confiança, oferecia um delicioso espetáculo de autenticidade. Estava sendo ele mesmo com tanta soltura que nos cativava. Enquanto os outros do seu grupo lutavam consigo mesmos para sentir o que queriam fazer, ele simplesmente seguia seu instinto. Suas ações surgiam diretamente do seu coração, e essa honestidade sem complexos era divertidíssima. Sua carismática essência ridícula nos inspirava um sentimento de alegria e provocava nosso riso instantaneamente. Ele, por outro lado, estava tão acostumado a correr riscos, a se encontrar em dificuldades e inventar de maneira improvisada que nem sequer era consciente disso. Para ele, era natural encontrar soluções engenhosas e mostrar-se tal como era, sem filtros. Comparando com jogar-se de um edifício ou saltar de um trem , ser clown para ele era fácil!

Porque ser você mesmo sem ocultar nada é tão divertido? Por causa da liberdade de ação e de expressão que permite. Sendo fiel a quem você é, agirá e reagirá com desenvoltura no palco. Fará ou dirá a primeira coisa que passar pela sua cabeça, o que o levará a situações inesperadas, cômicas por sua genialidade, por sua estupidez ou por ser um absoluto fracasso. Se em vez de prestar atenção no que os outros vão pensar de você ou se o que está fazendo agrada ou não, se concentrar em desfrutar e brincar, surgirá algo singular e fascinante. Todo mundo possui um encanto, algum traço de sua personalidade que, transmitido no código do clown, fará com que os demais se afeiçoem a ele. É impossível resistir a alguém aberto e sincero. Quando está sendo um palhaço no palco, o espetáculo é você. Quanto menos este fato o preocupe, melhor sairá.

Ser autêntico, portanto, significa ser honesto. Honestamente então, quem você é?

Em primeiro lugar, a pergunta "Quem sou eu?" tem tantas possíveis respostas que logo ficamos até tontos. Somos seres de caráter complexo. Convivem em nós tantos eus: o eu dos nossos dados pessoais (nome, idade, onde moro), o eu biológico (meus genes, meu histórico médico), o eu profissional (currículo), o eu social, o eu íntimo, o eu espiritual, o eu inconsciente, o eu que pretendemos ser, o eu que acreditamos ser, o eu que somos, e o "eu sei lá!". Por isso, não devemos nos surpreender com o fato de que algumas pessoas entrem numa espécie de caos mental diante do primeiro preceito do clown: ser autêntico.

Se você é uma dessas pessoas, tranquilidade. É um desafio, isso sim, mas a única ferramenta que você vai necessitar é o nariz vermelho; com ele posto, vai delatar a si mesmo. Mesmo sendo a menor máscara que existe, é a que mais revela. Pode ser que seja o último a ficar sabendo, mas se escutar a reação do seu público, pouco a pouco saberá quando estiver sendo autêntico e quando não. Além disso, na realidade, você não precisa saber tudo sobre você mesmo para ser você mesmo. De fato, quanto mais aberto estiver para descobrir a realidade de quem você é, aqui e agora, mais fácil será pra você se encontrar.

"No palco, tento que o que creio que sou atrapalhe o menos possível o que posso ser, a palhaça".

Virginia Imaz, clown, Espanha

Ser autêntico não é sempre bonito, somente real. Haverá aspectos cômicos da sua personalidade que vão surpreendê-lo, outros que serão como velhos amigos, outros que a princípio lhe provocarão repulsa. Dê boas vindas a todos! Aceitar o que sai de maneira espontânea faz parte do trabalho do clown. Muitas vezes nossos alunos surpreendem a si mesmos sendo mais soltos, mais entusiastas e mais criativos do que acreditavam que podiam ser. A verdade é que quanto mais natural você é, mais vitalidade emana. É uma questão de entrar no palco como clown sem urgência de impressionar, com a única intenção de estar à vontade sendo você mesmo (mostrando, sem dúvida, sua loucura pessoal) aconteça o que acontecer.

"Ser engraçado não é unicamente um talento inato. Os muitos anos que me dediquei ao humor me ensinaram que este pode ser continuamente desenvolvido e definido ao explorar nosso interior, com o fim de encontrar a confiança em si mesmo. Creio que o autêntico talento cômico descansa na nossa própria essência".

Leo Bassi, clown, Italia

Diversão versus seriedade

No fundo, todo mundo gostaria de se sentir sempre com liberdade para ser como é, mas não é tão fácil. Em algum momento de nossas vidas, a maioria de nós cai na tentação de se disfarçar com uma máscara mais apresentável ou mais aceitável, e negamos certos aspectos de nossa personalidade. Hoje em dia podemos até mudar nosso aspecto físico. Podemos, à base de bisturi, nos converter nessa fantasia de pessoa que sonhamos ser.

Definitivamente, não vivemos numa sociedade que incentive a aceitação pessoal, nem interior nem exteriormente. Apesar disso, não parece ter eliminado nosso profundo desejo de liberdade pessoal. Cada vez mais temos um maior número de alunos em nossos cursos que não vêm para aprender técnica, mas em busca de algum aspecto de si mesmos que perderam no caminho até a idade adulta. Vêm buscar alegria, expressividade, vitalidade, espontaneidade, vivacidade, seu sentido de humor, etc. E o que encontram não são apenas estas qualidades perdidas; encontram todo um universo de valores invertidos. Um mundo ao contrário baseado no humor que requer uma grande humanidade e humildade de sua parte, pois é necessário que riam do mais sagrado que possuem: eles mesmos.

É uma autêntica tragicomédia o ser humano se levar tão a sério. Acreditamos com uma louca firmeza que somos importantes, e na importância de todas as nossas ações, sentimentos e desejos. Considera-se esta prepotência e sua companheira, a seriedade, como símbolo de maturidade. Seu oposto, a diversão, está reservada somente para o âmbito do lazer. Um adulto que procura a diversão é classificado negativamente: é um frívolo, um viciado em festas, não tem os pés na terra, é um irresponsável. Os adultos de verdade devem encarar as coisas seriamente, se levarem a sério e incutir em seus filhos a seriedade.

> "Sou um adulto, mas isto não significa perder de vista a aventura, a beleza ou o prazer da vida. Posso ser um adulto que sente, que brinca, que compartilha com os demais e que se interessa pelo seu entorno."
> *David Berga, clown, Espanha*

Claro que tem coisas muito sérias acontecendo no mundo, e acho que não se pode ignorar algumas realidades, como a guerra, a fome e a pobreza. Mas é muito preocupante que, como adultos, nossa resposta habitual diante dos milhares de estímulos que recebemos na vida seja a seriedade. Devemos tratar esta seriedade como um vírus social, que se não curarmos em nós mesmos, nos fará ficar, cedo ou tarde, doentes de verdade. Muitas vezes, é só uma questão de mudar a perspectiva, de não dar importância ao assunto que temos em mãos, e isso o clown sabe muito bem. Seu olhar não está fixo em seu umbigo, olha tudo o que há ao seu redor e vê o conjunto geral. Vê a comédia oculta na nossa "trágica" condição humana.

Existem rotinas clássicas de palhaços que não perderam sua comicidade nem sua habilidade de impressionar o público moderno. Rotinas de palhaço que pessoas de qualquer idade apreciam e aplaudem. Os primeiros palhaços do cinema (Charlie Chaplin, Buster Keaton e os Irmãos Marx, entre outros) se converteram em verdadeiros clássicos e seus filmes são tão hilariantes hoje como em sua época. Por que esses filmes e rotinas de palhaços ainda têm um forte atrativo? Pois, além de contar com grandes e experientes artistas, têm outro denominador comum universalmente terapêutico: oferecem-nos uma visão da comicidade do ser humano e da sua eterna luta contra suas circunstâncias. Ajudam-nos a ver a nós mesmos e nossa condição tal como é. Põem nossa natureza debaixo de uma lupa, ressaltando nossas condutas e comportamentos, nossas emoções, nossas atitudes, nossos conflitos internos e externos e, com certeza, nossa infinita estupidez. Que loucura de situações absurdas, surrealistas, descabeladas, ilógicas, incongruentes, exageradas, irracionais, despropositadas e incoerentes estes filmes nos oferecem! Reais como a própria vida. Quem, por sua vez, nunca viveu situações similares? Os clowns com certeza viveram. Mas, ao contrário dos outros, buscam o lado cômico delas e as transformam em arte.

"O humor é uma amostra da maturidade do ser humano."
Carles Sans, clown, companhia Tricicle, Espanha

Os clowns profissionais que conheço não passam todo o dia gastando piadas e se divertindo. Claro que se divertem, mas também são pessoas comprometidas com seu trabalho, o que implica em levá-lo a sério. Têm que criar, vender e apresentar seus espetáculos e, ao mesmo tempo, manter vivo seu sentido de humor. A seriedade e a diversão podem complementar-se, no final das contas é um equilíbrio saudável. Levar a sério as coisas que nos apaixonam proporciona sentido à vida e não dar importância às dificuldades melhora nossa qualidade de vida.

As crianças como inspiração

Alex tem uma teoria segundo a qual os palhaços tradicionais se inspiraram observando as crianças. Isso não é nenhuma surpresa, não? As crianças estão sempre dispostas a criar um espetáculo de tudo e de nada, fazem isto sem pensar. Há pouco tempo vi uma mãe passeando com seu filho pequeno na rua, e enquanto a mãe caminhava em linha reta pela calçada, a criança se balançava na beirada desta plainando como um avião, entre o perigo de cair e o fogo inimigo de outros pilotos imaginários. Empregava todo o seu corpo na ação, toda sua imaginação e, é claro, era muito engraçado vê-la gastando seu excesso de vitalidade sem vergonha nem inibição.

Provavelmente os palhaços tradicionais também achavam graça nas crianças e incorporaram algumas de suas gags naturais em seu repertório. Minha filha quando tinha dezesseis meses, realizou de forma natural gags clássicas que grandes palhaços da história já haviam popularizado. Dois exemplos que meu marido escreveu no seu portal Clownplanet.com:

> *Onde vivíamos nessa época havia muitas oliveiras. Fomos dar uma volta e Amara começou a recolher azeitonas do chão até ter suas duas mãos completamente cheias, então caiu uma azeitona e ao agachar-se para recolhê-la caíram várias, me olhou e tentou recolhê-las de novo e outras caíram, e assim por diante (muitos palhaços fazem essa gag recolhendo papéis). A outra gag foi em casa. Tínhamos vários balões pelo chão e lhe pedi que me trouxesse um, se dirigiu a ele completamente decidida a pegá-lo, mas antes de chegar sem querer encostou o pé e o balão se moveu, me olhou surpresa e voltou a tentar várias vezes, e sempre acontecia o mesmo, batia no balão sem querer e este avançava ficando fora do seu alcance (muitos palhaços também realiza esta gag chutando seu chapéu ao tentar pegá-lo no chão).*

Os palhaços, com o tempo, souberam aproveitar com destreza tudo de melhor da infância. Por isso, agora parece que as crianças pequenas é que são puros palhaços! Elas são as que têm incorporadas, de forma natural, todas as pautas básicas que ensinamos aos nossos alunos principiantes. Explicarei com mais detalhes os paralelismos e as diferenças entre os palhaços e as crianças nas seções correspondentes. Aqui só direi que, sem dúvida, as crianças são uma grande fonte de inspiração cômica. A prova de quanto estimulam nosso sentido de humor são todos os programas de televisão e livros dedicados exclusivamente às coisas divertidas que dizem ou fazem. Sua soltura, sua perspicácia e sua criatividade podem provocar gargalhadas coletivas, algo que, certamente, não passou despercebido para os clowns.

Hugo, de quatro anos, perguntou à sua mãe: "Mamãe, como saí da sua barriga?" Sua mãe lhe respondeu: "Pois primeiro saiu sua cabeça, depois os ombros, em seguida o corpo e afinal as pernas". E Hugo disse, assustado: "Mamãe, mas eu saí despedaçado?"

Isaac, de quatro anos, estava correndo, trombou em sua irmã e a jogou no chão. Sua mãe lhe disse: "Isaac, o que você tem que dizer à sua irmã?" Issac levantando as sobrancelhas respondeu: "Que saia do caminho?".

David, de cinco anos, disse um dia aos seus pais: "E vocês, quando eu tiver uma namorada, onde vão morar?".

O médico tinha que aplicar uma injeção no braço de Laura, de quatro anos, e perguntou ao seu pai qual braço usava mais. O pai transferiu a pergunta à filha, e esta lhe respondeu: "para quê o doutor quer saber isso?", o pai respondeu: "Para picar o braço que você não usa", e a menina decidida disse: "Uso os dois. Já podemos ir?"

5
A clareza e a simplicidade

Um palhaço adora ser visto, aproveita o seu momento. Ir embora é a última coisa que quer, por isso dá o máximo que pode dar quando é sua vez de estar no palco, pois tem um espaço para ser grandioso. Sabe que seu momento é único e que quando terminar terá que tirar o nariz e sair da luz.

Pablo Luengas, médico do riso, México

Romper a quarta parede

No teatro convencional, os atores fingem que o público não está ali, usam a "quarta parede", uma parede invisível que separa o público dos atores. Os palhaços, pelo contrário, não usaram nunca uma quarta parede, sua arte requer que olhem e compartilhem com seu público. Isto se deve ao fato de que a figura do palhaço se desenvolveu na rua e no circo, espaços com convenções completamente diferentes. Os palhaços tinham que captar a atenção de todo mundo, porque atuavam para a multidão ou para todo o povo, e, como muitas dessas pessoas nunca haviam pisado num teatro, não é de se estranhar que não criaram barreiras invisíveis ou fingiram que seu público não estava ali. Mas há uma razão igualmente importante que provavelmente lhes impedia de adotar a "quarta parede" quando começaram a trabalhar em teatros, e esta razão tem a ver com o que é engraçado e causa riso.

Onde está a graça?

Nas aulas, quando nossos alunos de clown começam a improvisar, com frequência há muita urgência em "fazer algo". Em regra geral, se sentem mais confortáveis na ação cênica do que na quietude (mesmo que o que estejam fazendo não funcione em absoluto). Seguramente se sentem mais protegidos movimentando-se, assim ninguém pode acusá-los de que não tenham boas intenções. Mas é fantástico quando tiram um momento para aparecer pela primeira vez: para situar-se, para conectar-se com o ambiente, com o espaço, com os objetos que ali se encontram e com as pessoas que compõem seu público. Dar esse tempo também permite ao público absorver sua entrada, sua energia, seu rosto e sua linguagem corporal. A primeira impressão sempre é impactante e é bom aproveitar-se dela, por isso é importante poder "não fazer nada".

O "não fazer nada" não é como você imagina, porque entrar em cena não é como entrar na loja da esquina. Há que entrar com a energia desperta e com os cinco sentidos em alerta. Para que entenda a ideia, seria como se tratasse da primeira saída do hotel quando se está viajando por um país desconhecido e exótico. As pessoas que se sentem intensamente vivas captam a atenção, como quando alguém que está apaixonado e de repente atrai muito o olhar alheio. Esta vitalidade cria uma espécie de eletricidade que rompe imediatamente qualquer estado de tédio, distração ou apatia que os membros do público podem estar sentindo antes da entrada do clown.

É claro que um clown pode entrar no espaço cênico de mil maneiras diferentes, e criar uma expressão para qualquer emoção, não há uma regra de ouro, apenas o fato de iniciar com uma novidade. Este começo é o cartão de apresentação do clown, é quando o seu público formará a primeira impressão dele: qual é sua aparência?, que expressão tem?, o que seu corpo e seu olhar transmitem? Esta informação inicial pode colocar ambos num lugar mais próximo ou mais distante. Os clowns querem despertar a confiança e a proximidade, por isso oferecem toda essa informação com transparência. Sem que as pessoas presentes sequer sejam conscientes disso, o clown terá iniciado uma relação com elas, lhes terá convidado a participarem do seu universo, pelo fato de reconhecer, através do seu olhar, que estão lá. O clown vem pra isso, para criar uma relação afetiva com o público.

Diferentes estudos confirmam que o riso é um fenômeno social e contagiante. Quando as pessoas estão sozinhas quase não riem, se ri com muito mais facilidade quando existe um vínculo afetivo. Sempre foi algo óbvio para os palhaços: compartilhar é algo inerente à sua arte. Um clown compartilha tudo o que acontece com ele e o que passa por sua cabeça, criando assim uma aproximação com seu público e, ao mesmo tempo, ativando os estímulos do riso.

> "Conforme a qualidade da comunicação que mantenhamos com uma pessoa ou um grupo de pessoas, assim será a qualidade da relação que obteremos."
> *Marcela Escobedo, psicóloga*

A relação que o clown aspira ter com seu público é calorosa, aberta, íntima. Desconcertar o seu público seria correr o risco de que este se distancie. Além disso, as pessoas não riem se estão confusas. Por isso o clown adotou uma linguagem universal para comunicar-se. Seu segredo está na simplicidade e na clareza. Sabe que é essencial não sobrecarregar o público com muita informação, e que todo mundo tem que entender o que está acontecendo o tempo todo. Por isso o clown divide a ação em partes mastigadas, dá espaços para o riso e realça os ritmos cômicos.

O tempo do clown

O ritmo de cada clown vem marcado pelo próprio ritmo básico da pessoa que lhe dá vida. Uma pessoa nervosa terá em cena um ritmo mais rápido do que uma pessoa tranquila. Mas além dos seus diferentes ritmos pessoais, os clowns marcam tempos precisos quando atuam. Sua expressão corporal, emocional e vocal segue a pauta da simplicidade e clareza o tempo todo, e por isso, em geral, os clowns marcam um tempo mais lento do que o de uma pessoa normal.

O público necessita poder "ler" o que está acontecendo com o clown, mas para ele este tempo lento também lhe convém. Ele necessita poder assimilar o que ocorreu e mostrar como se sente com clareza. Por outro lado, o divertido são os detalhes, e quanto mais acentuados estejam, será mais provável que todo mundo os capte. Uma pessoa "normal" reage de maneira mais instantânea: ao enfrentar um problema tentará solucioná-lo rapidamente, diante de um acontecimento prazeroso não hesitará em desfrutá-lo e diante de um gesto ambíguo do seu companheiro, o mais habitual é que o ignore.

Mas para o clown atuar assim seria acabar bruscamente com todo o seu jogo. E implícito no jogo mais amplo (ter um problema, manter um diálogo absurdo, interpretar mal algo, etc) está o jogo de marcar os tempos cômicos. As pausas, os silêncios, as acelerações e desacelerações são cruciais para manter o fluxo do riso. Se não se dá o tempo adequado é possível que a gag não tenha a mesma força, ou não chegue ao público de uma maneira orgânica, e então não haverá uma resposta positiva. Entre os clowns profissionais é bem conhecida a importância dos tempos. Em cada nova obra há um período de ajuste. A tendência normal é acelerar, mas é igualmente devastador cair na lentidão. Há um tempo específico para cada gag, ação ou reação, e isso é algo que com a experiência ou rodagem a pessoa chega a sentir.

As pausas

Nas aulas, incentivamos nossos alunos a sentirem os tempos em suas improvisações; a marcar os ritmos, acelerar suas ações ou fazê-las mais lentas e, sobretudo, entender o grande valor das pausas. As pausas durante a ação são capazes de transmitir muita informação. O tempo de cada pausa será em função do clown e a situação que está vivendo, e em geral não costuma durar mais de dois ou três segundos. Em seguida dou um exemplo da informação que se pode transmitir utilizando pausas numa atuação.

O clown atravessa o palco e bate sem querer numa jarra caríssima que está num pedestal. A jarra cai e quebra (pausa).

Informação transmitida pela pausa: ouviu algo estranho e se pergunta: "o que foi isso?".

Olha a jarra quebrada no chão (pausa, sem deixar de olhá-la).

Informação: se dá conta de que de há uma jarra completamente quebrada no chão e que é o resultado de sua falta de jeito.

Olha para o público, arregala os olhos (pausa).

Informação: vê que viram quebrá-la e se sente em evidência.

Olha a jarra quebrada de novo e logo, "assustado", olha para o público (pausa).

Informação: sabe que tem que solucionar a situação, mas não sabe como.

De repente, vê que há um tapete e tem uma ideia, apenas tem que empurrar os pedaços para debaixo do tapete. Empurra dissimuladamente (pausa).

Informação: pensa que está tudo controlado.

Olha para o público satisfeito (pausa).

Informação: aqui não aconteceu nada.

Segue seu caminho.

O clown precisa fazer pausas, precisa desses espaços de tempo para absorver o que está ocorrendo, para ativar seu cérebro, para interpretar os fatos ou para encontrar uma solução. Ele necessita disso, mas, como vimos antes, seu público também. Com pausas, o público pode relaxar e rir sem medo de perder algo, a ação se torna mais limpa, mais fácil de "ler" e, ao mesmo tempo, fica sutilmente mais viva. Precisamente porque o clown vive essas pausas, cada ação e cada olhar estão carregados de uma energia vital que convida a observar com interesse. Seu público não sabe aonde ele lhe levará, mas rapidamente percebe que o clown não vive uma realidade sem graça, plana e limitada; exatamente o oposto.

6
A linguagem clownesca

A linguagem dos palhaços usualmente rompe barreiras culturais, sociais, geracionais, inclusive linguísticas. Neste capítulo explicarei com mais detalhes esta linguagem clownesca, uma linguagem baseada na expressão honesta e lúdica das emoções, do corpo, da voz, e que requer do estudante que volte a manejar com maestria os fundamentos da comunicação: a linguagem não verbal, a emocional e a verbal.

A linguagem não verbal

As crianças praticam espontaneamente os princípios básicos da comunicação desde bem pequenos. Saber comunicar suas necessidades e interpretar a informação que recebem é essencial para eles, uma questão de sobrevivência. Os bebês nascem com a habilidade de chorar e sorrir, ao mesmo tempo se mostram sensíveis a diferentes expressões, tons de voz e contatos físicos. A comunicação não verbal obviamente domina as primeiras etapas do desenvolvimento humano, mas continua tendo uma elevada importância, inclusive na comunicação entre adultos. Estudos realizados pelo psicólogo Albert Mehrabian, em 1972, sobre a importância relativa das mensagens verbais e não verbais, concluíram que as palavras utilizadas por um orador apenas influem em seu espectador uns 7%, enquanto seu tom de voz 38%, e sua linguagem corporal, 55%. Por linguagem corporal ele se refere a gestos, expressões faciais, postura corporal e contato visual.

Os antropólogos estudaram o comportamento humano em várias e distintas culturas; mesmo que tenham notado muitas diferenças, também puderam identificar "universais humanos", comportamentos intrinsecamente similares que atravessam as raças, sexos e culturas. Entre outras coisas, descobriram que todos os humanos são estudantes da linguagem corporal de seus congêneres. Todo mundo observa com interesse os rostos dos demais. As emoções básicas têm expressões faciais específicas reconhecidas em todo o mundo. Somos, além do mais, muito hábeis em detectar uma expressão honesta e rejeitar uma falsa.

Sendo assim, saiba ou não, você é um experto em ler e interpretar a linguagem não verbal. Os palhaços simplesmente se aproveitam da sua perícia. Os mais experientes utilizam todo o seu corpo para se expressar; sabem que uma subida de pálpebra fala por si mesma, que uma inspiração retida demonstra medo, que um encolhimento de ombros indica incompreensão, etc. Inclusive os movimentos musculares mais sutis têm a capacidade de comunicar algo muito preciso. Um bom clown não tem que ilustrar com gestos excessivos suas intenções ou desejos, não precisa dar explicações extensas, pois conhece a eficácia comunicativa dos gestos naturais. Se ele quer que seu público entenda que ele tem que ir embora, mesmo que deseje ficar, basta uma olhada para a saída, seguida de outra para o público e um suspiro resignado.

O jogo corporal

Os clowns conhecem a efetividade dos gestos naturais, mas, obviamente, isto não significa que não se permitam usar movimentos exagerados, extravagantes ou descabelados. Jogam com seus corpos sem cessar, valendo-se de suas extensas possibilidades, desde a mais fina motricidade até a mais atrevida. Estes jogos corporais que, na aparência são muito similares aos movimentos físicos de uma criança, lhes proporcionam um duplo resultado: primeiro, são sumamente divertidos, pelo tanto que fazem rir, e segundo, lhes permitem romper as regras sociais sem fazer com que seu público se volte contra eles. A seguir explico com mais detalhes:

a) O movimento excêntrico
Na primeira infância: Os movimentos corporais das crianças pequenas (até os três anos) são inegavelmente uma inspiração cômica. Como ainda não dominam completamente seus corpos, muitos dos seus movimentos são estranhos ou excêntricos. Além disso, por não terem noção do que é valioso, sujo, frágil ou perigoso, tocam e saboreiam tudo, e como não têm noção de tempo nem sentido de responsabilidade, estão mais receptivos aos estímulos proporcionados pelos seus cinco sentidos. Por isso que durante muito tempo suas sensações corporais regem suas ações sem interferências cerebrais; são egocêntricos, teimosos, impulsivos e desordenados. Mas pouco a pouco percebem que existe um mundo paralelo, o mundo dos adultos. Seu desejo de imitar as atividades dos maiores lhes motiva a provar novos desafios físicos, mas seu domínio corporal quase sempre falha. Porém têm determinação e paciência, e não só estão dispostos para repetição, como, além disso, é seu jogo favorito.

Usado pelo palhaço: Um palhaço sente seu corpo e o deixa mover-se sem inibições. Igual a uma criança pequena, um dos seus jogos favoritos é perder-se no prazer que lhe produz um determinado movimento (ou série de movimentos) que pode repetir até a loucura. Outro é aparentar que perdeu o controle, sobre seu próprio corpo e sobre os elementos que maneja. Um palhaço cria jogos físicos baseados em seus próprios movimentos naturais ou em movimentos de seus "ídolos". Caso sejam seus próprios movimentos, o jogo básico é levá-los pouco a pouco ao exagero, fazendo-os cada vez maiores e prolongados, ou cada vez menores e rápidos. E quando se trata de gestos que observou em outros, o jogo básico é a imitação, que não é capaz de conseguir completamente. Em qualquer um dos casos, aplica à ação a mesma engenhosidade e interesse que uma criança.

b) As regras sociais
As crianças pequenas felizmente são inconscientes das regras que governam o comportamento social entre os adultos. Podem olhar-nos fixamente durante vários minutos, podem deixar um biscoito mastigado na nossa mão, podem dizer-nos palavras insultantes, podem chorar aos gritos em nossas orelhas, podem invadir nosso espaço pessoal, podem ignorar-nos totalmente, e nós, os adultos, lhes perdoamos tudo, lhes sorrimos! Por quê? Porque são inocentes. Suas ações não nos intimidam, mesmo que possam nos incomodar; de fato, estando a sós com elas muitas vezes nos sentimos muito mais livres. Fazemos caras de idiotas, emitimos sons ridículos, fazemos besteiras sem parar. Sabemos que elas não estão nos julgando e respondemos com semelhante abertura mental. Permitimos a elas muito mais liberdade de ação e reação do que a que daríamos a um adulto. Além do mais, prestamos muito mais atenção nelas.

Não deveria nos surpreender, então, que os palhaços tenham adotado a essência da expressão física das crianças em sua arte. Proporciona-lhes muito mais liberdade em todos os sentidos. Citando apenas um exemplo: entre adultos que não se conhecem, o olhar-se nos olhos dura aproximadamente um segundo e meio, uma criança não aprende a romper tão instantaneamente o con-tato visual até por volta de quatro ou cinco anos.

A consciência física

Por isso que, a princípio, dominar a linguagem não verbal consiste mais em desaprender do que em aprender, requer liberar e investigar de novo a própria expressividade física, com o fim de encontrar "o espetáculo" que há em você. Este sairá de seus movimentos naturais, das peculiaridades da sua estrutura física, das ações corporais que lhe proporcionam prazer e da sua própria maneira de comunicar-se com o corpo. Mas antes de "entrar em ação" é importante despertar a consciência física. Você tem que saber o que seu corpo está transmitindo por si só, em seu estado "neutro". O que os outros vêm quando te olham?

Primeiro, há de reconhecer que seu corpo é muito singular, como também sua maneira de caminhar, dançar, gesticular, etc. E, por mais que você tenha se mirado no espelho, nunca se terá visto como os outros o vêm. Muitos alunos se surpreendem ao serem imitados por um companheiro de classe. Não se reconhecem. Nunca se deram conta de que movem um braço mais do que o outro ao caminhar, ou que têm uma rigidez aguda no tronco, ou que debaixo da fachada de arrogância se vê claramente seu coração de pelúcia. Inclusive as pessoas que treinaram seus corpos em outras disciplinas (bailarinas, atores, esportistas...) não estão necessariamente conscientes de qual informação estão projetando do palco. Como disse, o nariz vermelho revela quem somos em essência, e estar num espaço cênico o amplia. Então, durante um tempo pelo menos, quase todo mundo necessita receber feedbacks para ajudá-lo a ver-se tal como é, e ir assimilando o que está transmitindo corporalmente.

Segundo, há que centrar sua atenção em suas percepções sensoriais. Naturalmente, seus cinco sentidos estarão hiper despertos pela novidade da experiência cênica, mas às vezes isto pode desembocar numa sensação global de sobrecarga sensorial. Durante um tempo você terá que aprender a prestar atenção neles individualmente. Qualquer um deles pode lhe proporcionar um bom jogo físico. O jogo mais básico é o de "E se...?". Funciona assim:

> *E se... boto minha língua pra fora e a sinto, não o gesto e a conotação, simplesmente a sensação da minha língua gorda, a tensão da sua raiz, o ar frio tocando sua ponta. E se... estico-a ainda mais, explorando seus limites, tentando cheirá-la, saboreá-la, vê-la. E se...acrescento um som, movimentos laterais. E se experimento um movimento mais complicado. E se... seguro-a com meus dedos e tento falar, etc.*

E terceiro, recuperar sua espontaneidade física, soltar-se, brincar criativamente como uma criança pequena, parar para curtir os detalhes, e no caminho ir encontrando seu próprio ridículo.

"Um clown é aquela pessoa que se deixa ver e que sabe olhar, que pode abraçar sem tocar."
Elisenda Rué, artista, Espanha

O conteúdo emocional

Os palhaços também se apropriaram de algumas das pautas expressivas utilizadas habitualmente por crianças pequenas em sua comunicação emocional. Isto acontece porque as crianças pequenas são muito honestas com o que sentem, mas ao mesmo tempo, ainda estão aprendendo a expressar-se com destreza, por isso que quando expressam suas emoções, estão jogando para tirar o máximo partido delas. Como não estão agarradas ao que estão sentindo, facilmente podem se distrair ou serem atraídas por outra coisa mais interessante. De forma significativa, estão constantemente comprovando o efeito de sua expressão sobre os demais, especialmente nos adultos, e se não têm a reação que esperam, aumentarão a energia ou o volume, ou simplesmente mudarão de tática. Tudo isto cria situações muito cômicas a partir da perspectiva de um adulto.

Lembro-me da minha filha aos quatro anos negando noite após noite que tinha sono na hora de dormir. Sempre dava sinais muito óbvios de estar cansada, começava a falar como um bebê e seus olhos ficavam arregalados, como se ela tratasse de mantê-los assim para enganar-me. Se eu lhe dizia que a via cansada, primeiro se zangava e gritava: "Não, não estou cansada!" e em seguida desatava a chorar. Que espetáculo mais ridículo montava para não ir para a cama!

Outro dia, pela rua, ouvi de longe um menino soluçando. Parecia que estava muito triste, como se tratasse de alguma dor física importante. Mas quando me aproximei pra ver se podia ajudá-lo, vi o menino plantado diante do seu pai. Estava fazendo todo esse escândalo dramático só porque queria que seu pai o levasse nos braços!

Diferentemente das crianças, os palhaços utilizam os padrões infantis de comportamento emotivo conscientes do seu valor cômico, mas adaptando-os ao jogo cênico. Decidem em que parte do seu espetáculo lhes convém alongar ou comprimir uma reação emocional. Suas reações, por certo, têm que ser honestas, para em seguida serem transformadas num jogo. Não se trata de convencer o público de que realmente estão irritados, tristes ou apaixonados. A força cômica de qualquer estado emocional (especialmente as emoções consideradas como "negativas": o medo, a raiva, o ciúme, a tristeza, etc) reside no fato de que para o clown é um grande jogo, um jogo onde representa estar emocionalmente envolvido, mas como uma criança, muda de parecer se não recebe a reação que espera ou se ocorre algo mais interessante.

Há muitas maneiras de representar as emoções, na realidade tem mais a ver com o estilo de cada indivíduo do que com uma técnica concreta. Mas é conveniente poder expressar todas as emoções e poder jogar com elas, desde sua expressão mínima até sua expressão máxima, e tudo o que há no meio! Quer dizer… ver as emoções como escalas musicais. Poder subir e descer o tom com destreza e levar o público com você, sem saltos ilógicos ou incompreensíveis. Cada emoção tem uma razão de ser e um motivo para mudar. O público tem que entender o que acontece com o clown. Porque está tão contente? Porque agora não está?

Dito isto, devo esclarecer que algumas pessoas encontram dificuldades expressando certas emoções. Se sentem mais à vontade, por exemplo, na alegria do que na raiva, ou vice-versa. Há que se respeitar a base emocional de cada um, é onde poderá colher mais risos. A própria natureza desempenha também um papel importante no nível de expressividade emocional do clown. Um indivíduo que se expressa habitualmente num tom suave e sutil, também se expressará assim em cena com grande efeito, e pode ser que nunca seja necessário exagerar suas emoções para conseguir um riso.

O que sempre é necessário num palhaço é que seja generoso em cena. Tem que dar muito de si, mais do que se esperaria de uma pessoa normal, compartilhando o que sente com os outros.

"Diga-me o que você pensa e é possível que possa colocá-lo numa categoria. Diga-me o que sente e chegarei a conhecê-lo."
John Powell, compositor para música de filmes de comedia (Shrek, Ice Age, Chicken Run, etc.)

O jogo da voz

Os palhaços tradicionais criaram diálogos fantásticos para acompanhar suas entradas baseados em jogos de palavras e piadas com finais surpreendentes. Manel Vallès (Totó) começou sua carreira de palhaço em 1949 e a exerceu durante 62 anos, foi ele quem me explicou o seguinte diálogo entre um Branco e um Augusto.

BRANCO
Você sabe o que é filosofia?

(O Augusto acena afirmativamente com a cabeça.)

E o que a filosofia pode te dar?

AUGUSTO
Duas namoradas, a Filó pra você e a Sofia
pra mim.

BRANCO
Não, não é nada disso! Eu posso demonstrar, através da filosofia, que você não está aqui.

AUGUSTO
Não, eu estou aqui e não vou sair daqui.

BRANCO
Pois vou te demonstrar que você não está aqui.

AUGUSTO
Ah é? Pois quero ver.

BRANCO
Mas vamos fazer uma aposta. Eu ponho cinco, você põe cinco. Se eu te demonstrar que você não está aqui, eu ganho, se não, você ganha.

AUGUSTO
Está bem.

BRANCO
Vou começar. Você está em Madri?

AUGUSTO
Não senhor, eu estou aqui.

BRANCO
Se você não está em Madri deve estar em Santander.

AUGUSTO
Não senhor, nem em Madri nem em Santander, eu estou aqui e não saio daqui.

BRANCO
Então você está em Sevilha.

AUGUSTO
Você sim, é que está em Sant Boi!

(Antigamente havia um manicômio em Sant Boi, Barcelona)

BRANCO
Responda!

AUGUSTO
Claro que não não estou em Sevilha.

BRANCO
Portanto, se você não está em Madri, nem em Santander, nem em Sevilha, isto quer dizer que está em outro lugar.

AUGUSTO
Claro.

BRANCO
Pois então você perdeu, porque você está em outro lugar.

(E pega o dinheiro.)

AUGUSTO
Ah, que esperto! Escuta, vamos repetir e agora sou eu quem quer apostar.

BRANCO
¿Ah é? Tudo bem, aqui você tem cinco.

AUGUSTO
Jogo cinco.

(Mas em vez de colocar cinco, tira a nota que está ali.)

E jogo outros cinco.

(Põe a nota que tinha pegado.)

BRANCO
De acordo, cinco mais. E também outros cinco.

AUGUSTO
Muito bem, cinco mais.

(Finge colocar mais dinheiro, mas em realidade tira todas as notas que ali estão.)

Mas agora quem pergunta sou eu.

BRANCO
Tudo bem, sem problemas.

(Pensando para si, "como é ingênuo!".)

AUGUSTO
Você está em Madri?

BRANCO
Não, não estou em Madri.

AUGUSTO
Você está em Santander?

BRANCO
Não, eu estou aqui, você não me vê?

AUGUSTO
Está em Sevilha?
BRANCO
Claro que não, nem em Madri, nem em Santander, nem em Sevilha.
AUGUSTO
Quer dizer que está em outro lugar?

BRANCO
Não, eu estou aqui. Você perdeu.

O dinheiro é meu.

(Busca o dinheiro.)

E o dinheiro? Você pegou?

AUGUSTO
Eu não!

BRANCO
Foi você!

AUGUSTO
Como pode ter sido eu, se estou em outro lugar?

Nas suas entradas, os palhaços tradicionais, além de diálogos incríveis utilizam uma grande variedade de jogos vocais, por exemplo: tons de voz ridículos, ritmos e repetições, imitações sonoras (de animais, ambulâncias, barcos, peidos, etc), onomatopeias, prolongamentos exagerados de sílabas ou letras, cargas emocionais desmesuradas e risos ou choros ridículos. Toda essa bagagem de recursos continua fazendo sucesso nos picadeiros de circos modernos e entre os palhaços que atualizam a tradição com inspirada sabedoria.

No entanto, muitos palhaços (tradicionais e contemporâneos) elegeram não usar a voz em cena, e obviamente tiveram a vantagem de poder atuar ao redor do mundo sem terem que ser poliglotas. A decisão de falar ou não falar é completamente pessoal, ditada por uma inclinação natural para se comunicar através do gesto e expressar as ideias através de imagens ou, pelo contrário, porque se tem um talento natural para brincar com as palavras e usá-las com grande efeito cômico. Os palhaços tagarelas ou expertos em conseguir risos com suas piadas verbais encontrariam uma grande desvantagem por não poderem usar palavras. Por isso a eleição de dispensar ou não as palavras não deve ser imposta por uma exigência exterior (por ambição de trabalhar no cenário internacional) mas pelo instinto interno que ajude e apoie o seu clown a alcançar sua máxima expressão.

Como expliquei, chegar a ser um bom palhaço depende em grande parte da habilidade de se comunicar com precisão e clareza. As palavras são, evidentemente, ferramentas de primeira para esta tarefa. Mas inclusive o uso de meros sons pode acrescentar níveis de entendimento a qualquer ação cênica. Podem, por exemplo, realçar ou explicar uma ação, dar mais força a um gesto ou mudar seu sentido por completo, ser o foco ou origem da comicidade, expressar amplamente as emoções em todas as suas gamas ou delatar um pensamento oculto.

Eu diria sem reservas que com tanto "caldo" expressivo para exprimir do jogo vocal, merece uma extensa exploração inicial. Entretanto, muitos dos meus alunos principiantes necessitam ser encorajados a usar sua voz em formas lúdicas, estranhas ou estúpidas, pois esta perdeu sua capacidade criativa ao ser ignorada. Suas cordas vocais tiveram durante anos uma única utilidade, a de reproduzir palavras.

A linguagem clownesca

Inclusive em muitas ocasiões não conseguem tirar as palavras que estão na ponta de suas línguas, já que há uma espécie de autocensura generalizada nos adultos da qual custam a se livrar. Porém, observei em inúmeros casos que desbloquear as cordas vocais também libera o clown do seu esconderijo. Ao mesmo tempo em que saem as bobagens pela boca, um prazer incontrolável brota pelos poros.

Isto se deve ao incrível poder que a voz exerce sobre o ser humano. Usar a voz com criatividade, ou escutar outros que a usam, nos abre, nos alegra, nos alivia, nos transporta, nos emociona, nos conecta. Sendo assim, vale a pena recuperar sua liberdade vocal; além do mais, é algo completamente inato. Nascemos como seres orais. Quando bebês, passamos longos momentos balbuciando, movimentando a língua e os lábios imersos nas sensações sensuais que produziam. E durante anos e anos continuamos a experiência. Criar e jogar com sons e palavras é algo completamente natural numa criança, faz parte do seu aprendizado e domínio de um idioma (entre os três e os doze anos uma criança aprende a usar e compreender 79.000 palavras). Mas, além da necessidade de aprender palavras, lhe interessa como se experimenta sensualmente um som e qual efeito suas palavras provocam nos demais. Em regra geral, as crianças não reprimem sua expressão, e especialmente a expressão oral.

Por terem um vocabulário muito limitado e uma compreensão ainda pouco ampla do mundo, as crianças são vítimas de problemas e equívocos na hora de falar. Mas isso pouco lhes importa: se não podem pronunciar algo (certas letras como o *r*, o *n* ou o *v* necessitam uma sutil e complicada coordenação de toda a zona oral), o ignoram, se não sabem a palavra específica, a inventam, se não entendem o que lhes dizem, raciocinam com sua própria lógica; se acham graça num som ou palavra, repetem-na sem parar até enlouquecerem as pessoas. Deixam sair pela boca o que for, à vontade. Cantam com frequência, e não necessariamente uma

81

canção concreta. Adoram relatar incidentes e experiências vividas. Igualmente, falam sem vergonha consigo mesmas, com objetos reais ou com seres imaginários.

Com certeza, voltar à ginástica vocal e usar de novo a voz de maneira criativa têm muitas vantagens quando você inicia a busca de pontos de apoio para o seu clown. Nos primeiros exercícios de clown que propomos aos nossos alunos, o som ou a voz cumprem um importante papel, porque muitas vezes, através da sua utilização, conseguem seus primeiros risos. A voz lhes permite construir uma ponte sobre o abismo que sentem entre o palco e a plateia. Se os vemos em dificuldade ou bloqueados sem saber o que fazer, uma parte de nossos impulsos vão se destinar a tirar proveito das suas cordas vocais. Se no que nos mostram, vemos um possível caminho divertido, lhes pedimos para continuar com mais força. Somente o fato de suspirar sonoramente no palco pode provocar risos. É difícil de explicar, mas é assim.

Outros jogos que propomos são: falar com a língua para fora, emitir sons estranhos, imitar os sons dos animais, mas em um contexto emocional (um porco feliz, um mosquito no cio), imitar cantores (de diferentes estilos musicais), explorar possíveis ritmos (falar cada vez mais rápido ou mais lento), diminuir ou aumentar o volume, brincar com a maneira de dizer uma palavra, dizer a primeira coisa que lhe vem à cabeça, falar um idioma que não conhecem, falar rimando ou como se estivessem recitando uma obra clássica.

A maioria desses impulsos é fácil de aplicar, mas sentir-se um hábil jogador requer prática. Pessoalmente, creio que é mais interessante usar sons ou palavras na medida certa, sem sobrecarregar a ação com excesso de ruído, nem falar por falar. Como sucede com a ação física e as reações emocionais, tudo tem que ter uma razão de ser. É melhor usar a voz somente quando introduz algo no jogo cômico, e nos intervalos, deixar espaços para o silêncio.

Há muitas maneiras de começar a tonificação de suas cordas vocais e brincar de novo com sua voz. Você pode começar cantando no chuveiro, ou enquanto cozinha, ou acompanhando qualquer música gravada. Há muito jogos possíveis com a voz, você pode tomar como ponto de partida qualquer uma das pautas que mencionei nesta seção, ou obviamente inventar as suas próprias. A seguir você vai encontrar jogos de palavras que joguei em família. Em todos eles, nós morremos de rir. Espero que provoquem um efeito similar em você e em seus amigos!

Com sua família ou amigos você pode:
- Manter uma conversa cantada, seguindo melodias conhecidas ou um hino de um time de futebol.
- Mudar as palavras ou o conteúdo emocional em canções conhecidas.
- Inventar novas palavras ou nomes para os objetos cotidianos.
- Falar sem uma, duas ou mais consoantes do alfabeto.
- Falar durante um minuto sobre qualquer tema que alguém propõe. Sem pausas, nem hesitações e sem perder o fio do argumento.
- Usar sempre a última palavra da frase anterior para iniciar uma nova frase. Tente manter certa lógica em tudo o que disser.
- Conversar em verso ou falar com rimas emparelhadas.
- Buscar frases de canções conhecidas que comecem por cada letra do alfabeto da "A" em diante.

7
Cair na tentação

É clássica a cena em que o Branco diz ao Augusto que, sobretudo, não deve mexer em algo, por exemplo, um pacote ou um bolo, e logo vai embora. O palhaço, sem uma autoridade para mantê-lo afastado, imediatamente enfrenta um problema.
Seja qual for o objeto em questão, o mero fato de ser proibido, lhe produz um enorme desejo de tocá-lo. É verdade que ele ouviu o "não pode mexer", mas não leva como um mandamento inquebrantável. Só quer tocá-lo uma vez, que mal há nisso? Além do mais, ninguém vai notar! Mas é claro que não vai ficar satisfeito com uma breve carícia no objeto, vai querer olhar mais de perto, virá-lo, cheirá-lo, comê-lo... enfim, terminará danificando-o ou consumindo-o todo. E quando o Branco voltar não terá mais remédio do que fazer cara de inocente, tentar convencê-lo de que tudo está como estava, e quando inevitavelmente não conseguir, jogará a culpa de tudo em qualquer outro antes de sair correndo para a saída.
Cair na tentação é algo inevitável para os palhaços, faz parte do seu comportamento básico. Por serem curiosos e impulsivos, as tentações aparecem como por arte de magia. Nunca foram meros observadores da vida e, em consequência, não são capazes de negar as oportunidades que surgem para aproveitá-la. Eles seguem seus instintos e quase sempre estes os levam para mais além do "permitido". E certamente, o público gosta que

seja assim. Os palhaços, ao caírem nas tentações de redescobrir e reinventar o mundo, de transgredir as normas e recrear-se com nas suas palhaçadas, nos ensinam que tudo é possível, mas que nada tem demasiada importância.

Quanto mais você se diverte, mais os outros se divertem

Então... quando sair para improvisar tenha bem clara sua verdadeira meta: a diversão!

A experiência só me reafirmou este fato. Como clown, você tem que se divertir pra valer! Tem que deixar-se levar pelos desejos que brotem em seu coração, deixar voar sua imaginação, dizer o que pensa, movimentar-se como quiser, estar emocionalmente vivo; definitivamente, ser tal como você é sem se prevenir para as possíveis consequências. Trata-se precisamente de cair na tentação de ser realmente livre, de permitir-se ir mais longe do que iria normalmente (exagerar mais, revelar mais, experimentar mais), e se fazendo isso você se meter em confusão, tanto melhor!

A transgressão

Ao tomar a decisão de experimentar com o seu clown, você deve assumir que haverá gente que o olhe mal. Seja gente desconhecida, conhecida, ou sua própria família, em algum momento você se topará com alguém que não entenda o seu impulso vital. Quando mandamos nossos alunos experimentarem na rua (aqui na Espanha) lhes avisamos que, em geral, os que mais lhes demonstrarão interesse são as pessoas idosas, os imigrantes e as crianças, pois têm menos preconceitos e estão mais abertos à comunicação espontânea. Além do mais, lhes avisamos que receberão reações positivas, mas que também haverá as indiferentes, as negativas e, excepcionalmente, as violentas. O nariz vermelho no espaço urbano produz emoções contraditórias, pois é em si mesmo um desafio à normalidade, e os que o usam, portanto, são imprevisíveis; o que causa inquietude em certas pessoas.

Pode parecer que colocando o nariz vermelho você esteja nadando contra a corrente, mas não é assim; cada vez mais temos um maior número de alunos de diferentes classes sociais e profissões: médicos, psicólogos, jornalistas, professores, carpinteiros, jardineiros, estudantes, policiais, políticos, empresários, padeiros, bombeiros, etc. Concluo então, que está em curso uma mudança importante na sociedade ocidental, pois cada vez mais um maior número de pessoas está disposta a rir de si mesma publicamente.

"Não é sinal de saúde estar bem adaptado a uma sociedade doente."
Jiddu Krishnamurti, filósofo espiritual, Índia

É verdade que os palhaços são tradicionalmente seres marginais, indivíduos que não se encaixam no perfil de pessoa produtiva que o sistema promove. É evidente que vivem à margem dos valores consumistas, dos desejos predadores, da fina etiqueta. Eles, aos olhos da sociedade, não têm nada: nem dinheiro, nem poder, nem beleza, nem sequer neurônios! São uns pobres coitados.

No entanto, os palhaços assumem este papel sem complexos, têm uma escala de valores muito própria e uma perspectiva sobre sua realidade impregnada de humor. É precisamente seu indelével sentido de humor diante das desgraças e complicações que encontram o que põe em questão quem são os verdadeiros desgraçados. Não serão os que padecem do stress, do mau humor e da insatisfação quase contínua? Não serão os que poucas vezes prestam atenção a seus desejos profundos?

"Não nos tornamos adultos, nos adulteramos."
Tortell Poltrona, clown, España

O palhaço que existe em você

O palhaço é descendente dos bufões da Corte, da *Commedia dell'Arte* e dos comediantes ambulantes e teatrais do século XVI. Suas raízes, portanto, são as figuras anarquistas e inconformistas da sociedade, os quais habitualmente burlavam da autoridade, questionavam a moralidade de seu tempo e criticavam os governantes e suas leis. Eram transgressores na sua maneira de atuar, pensar, falar e sentir, só porque se permitiam todas as liberdades; algo que ameaçava diretamente o poder dos que queriam ter as massas escravizadas.

Os clowns contemporâneos seguem a tradição transgredindo as convenções teatrais e sociais. Cada clown, obviamente, transgride em maior ou menor medida; alguns vão muito mais longe do que outros, mas todos atravessam em algum momento as linhas invisíveis que nos aprisionam. Transgridem pelo simples fato de mostrar-se e compartilhar o que sentem, por se permitirem sempre uma margem de improvisação em seus espetáculos, por brincarem com temas tabus (a morte, o sexo, a violência...), por ignorarem as fronteiras estabelecidas. Transgridem inclusive as leis universais da lógica e da física, ao mostrarem como possíveis, feitos impossíveis; braços ou pernas que esticam dois metros, pessoas capazes de voar, tempestades de neve num teatro, sapatos com boca, cabelos que giram como helicópteros, guarda-chuvas que produzem chuva, etc.

Quando puser o nariz vermelho você descobrirá que tem licença para ser mais livre. Livre para aproximar-se mais das pessoas, para não aceitar os limites de forma automática, não interpretar os fatos à primeira vista, não limitar-se a saber em segunda mão, não renunciar às suas próprias crenças, não aceitar um "não" como resposta, não decidir de antemão como vai se sentir. Seu clown, milagrosamente, se manteve a salvo do processo de condicionamento que nos converte em adultos responsáveis. Você descobrirá que sendo clown não corre o perigo de entediar-se, porque o mundo continua sendo um gigantesco tabuleiro de jogo, com um sem fim de novas experiências ainda por viver.

A investigação constante

> "Não exagero ao dizer que vivemos num planeta muito pouco conhecido; a vida que ainda está por ser explorada!"
> *E.O. Wilson, biólogo, criador do termo "biodiversidade"*

Para ajudar nossos alunos a redescobrirem as maravilhas que lhes rodeiam, os mandamos à rua em pequenos grupos com a seguinte pauta: "Vocês chegaram de um planeta diferente do nosso. Não falam o mesmo idioma, não têm informação alguma sobre como são as espécies aqui nem quais são seus costumes. Vocês têm que sair da nave e explorar este novo mundo. Chamam-no… a Terra".

Sempre voltam, depois de apenas meia hora, surpresos por haverem encontrado coisas fascinantes:

> *Fiquei olhando para o céu todo o tempo, prestei atenção em suas diversas cores, no movimento das nuvens. Pensei que podiam ser um modo de transporte terrestre. Passou uma ave voando. A beleza do seu movimento me emocionou e tentei imitá-lo.*
>
> *Vi um ancião sentado num banco. Como os dois estavam imóveis, imaginei que eram uma coisa só. Dei a volta ao seu redor e notei que seus olhos me seguiam, imitei o movimento dos seus olhos e ele me sorriu. Copiei o seu gesto tentando entender seu sentido. Ele coçou seu rosto, e eu o imitei. Pouco a pouco, ele começou a brincar comigo. Sabendo que eu iria imitá-lo, propôs gestos cada vez mais ridículos.*

Estava olhando com a máxima atenção um inseto na palma da minha mão quando um casal se aproximou. Ver-me tão interessado naquilo despertou sua curiosidade.

Para poder cair de cabeça na tentação, primeiro algo ou alguém tem que atrair sua atenção com força suficiente para que você deseje investigá-lo a fundo. Este "algo" pode ser qualquer coisa, inclusive um objeto mundano, porque qualquer coisa com uma simples mudança de perspectiva pode despertar a sua fascinação. O interesse funciona assim: você decide esquecer o que sabe e imediatamente desejará explorar tudo.

"No dia a dia, escolhemos em cada momento para onde dirigimos a atenção, de modo que, de alguma maneira, a atenção é o autêntico farol que nos guia."
Susana Martínez-Conde, neurologista

Definitivamente, treinar em redescobrir e reinterpretar o mundo que tem ao seu redor lhe ajudará na hora de sair para improvisar com exercícios de clown. Muitos exercícios oferecem umas pautas muito abertas, onde, em realidade, qualquer coisa pode acontecer. Você sai de trás de um biombo e entra num palco vazio, ou com no máximo uma cadeira no meio e, "é hora do jogo!" Se nesse momento aparece a eterna pergunta "o que fazer?", será porque esqueceu de dirigir sua atenção para os detalhes. Porque vi alunos criando jogos maravilhosos das coisas mais inesperadas, simplesmente porque se interessaram o suficiente nelas. As linhas no assoalho, as sombras na parede, o barulho do piso de madeira, o brilho das luzes, a beira do palco, um aquecedor no canto, uma bolinha de fiapos, um prego que sai da parede, o pó no ar; todas elas, o começo de um número hilariante.

"O palhaço cria um mundo num espaço vazio, em vez de entrar num mundo que já existe."
Avner The Eccentric, clown, Estados Unidos

Você deve se lembrar de que o ser humano se destaca por seu desejo de saber mais, ou seja, que a conduta curiosa lhe é natural. As crianças pequenas demonstram isso sem culpa, sua curiosidade é incurável e não aceitam as teorias. Estão abertas a aprender, desaprender e aprender de novo, sempre através da prática, tente dizer-lhes que não devem subir em alturas perigosas ou comer tudo o que encontram jogado por aí! Até que não caiam escada abaixo ou saboreiem algo nojento, não darão sinais de entender suas palavras. Elas não têm noções preconcebidas das coisas, e por meio de sua atitude de assombro diante da vida nos recordam que a curiosidade é sinônimo de vitalidade.

"O homem que é incapaz de maravilhar-se e sentir encanto e assombro está praticamente morto."
Albert Einstein, cientista

A curiosidade infantil

A seguir exponho os principais eixos da curiosidade infantil; conhecê-los pode ser muito útil quando sair para improvisar.

a) Qual o sentido?

As crianças enfrentam constantemente situações novas; situações que podem ser prazerosas mesmo que, em sua grande maioria, pareçam estranhas ou complicadas, causando-lhes confusão, incerteza ou tensão. Mas, habituadas a não terem um entendimento instantâneo do que encontram, se dispõem a esperar o esclarecimento, a observar bem de perto, a experimentar e a absorver a informação que lhes apresentam antes de chegarem a conclusões. Seu propósito primordia é conhecer como funcionam as coisas: Qual o sentido de uma ação, uma reação ou uma palavra? Porque acontece o que acontece? Para que servem os objetos?

Seus conhecimentos ainda são muito reduzidos, de modo que muitas vezes chegam a conclusões errôneas. Viadal Perez, um aluno, me contou estas histórias da sua infância.

> *Lembro-me que acreditava sinceramente que as luzes dos semáforos eram controladas pelo meu pai através do câmbio de marchas, porque cada vez que mudavam para o verde ele estava movendo a alavanca. Outra recordação que tenho é da minha mãe voltando para casa várias vezes dizendo: "não me deram 'el carné'" (N.T. carné em espanhol significa carteira de motorista). Como eu não sabia que ela se referia ao fato de não ter passado no exame para tirar seu "carné" de dirigir (foi reprovada 17 vezes!), eu pensava que o açougueiro não queria lhe dar a "carne" que pedia. Vendo-a tão alterada, achei estranho que ela não fosse a outro açougue para comprar a carne.*

Se as crianças não encontram uma explicação racional para os eventos que ocorrem, opta por explicá-los através da magia. Para elas, a magia e os seres mágicos estão por todas as partes. Outra recordação do mesmo estudante:

Quando era pequeno tinha certeza de que os tenistas eram mágicos. Nunca reparei que havia gandulas que lhes passavam as bolas, e para mim elas apareciam do nada, era alucinante.

b) Perguntar, por perguntar

Qualquer um que passou algum tempo com crianças sabe que são persistentes formuladoras de perguntas. Além disso, com frequência, é óbvio que saber a resposta da pergunta não é o seu propósito, parece na verdade que lhes proporciona prazer o mero fato de perguntar algo. De onde saiu o primeiro garfo? Porque as pessoas dormem? Quem inventou o arroz à grega? O que faz com que eu cresça?

Com a minha filha, durante anos foi um grande desafio responder-lhe adequadamente. Eram raras as vezes que podia responder-lhe sem recorrer a uma enciclopédia virtual. Perguntava pergunta após pergunta, após pergunta, até que eu lhe colocava um freio. Ao final chegamos a brincar muito sobre o assunto, e então, antes de começar uma seção de perguntas sempre me perguntava: "Mamãe, posso perguntar, por perguntar, uma pergunta?

c) O que acontecerá se...?

"O que acontecerá se… puser água no meu bolso… jogar meus brinquedos pela janela… fizer uma operação na barriga do meu bichinho de pelúcia favorito… jogar minha comida na cabeça do meu avô... pintar os ternos do meu pai?".

As crianças pequenas, a partir do momento em que podem engatinhar, não param de explorar ativamente seu entorno. Quando algo capta seu interesse, não duvidam em investigá-lo, e se encontram nisso um jogo interessante, tanto melhor. Podem passar dez ou quinze minutos com potes e panelas da cozinha descobrindo causa e efeito, massa e peso, calor e frio, tato e musicalidade. Com certeza, assim adquirem conhecimentos, mas também fazem bagunças impressionantes!

Aprontam de mil maneiras: se emaranhando em sua própria roupa ao querer colocá-la ao contrário, subindo em alturas para logo perceberem que não sabem descer, puxando a toalha da mesa ao querer usá-la como cobertor para sua boneca, esvaziando a embalagem de xampu na banheira para ver o que há no fundo, cortando uma mecha grande de cabelo para averiguar se dói.

São cientistas mirins fazendo experimentos sem cessar. Eles adoram descobrir algo novo, e mais ainda quando podem compartilhar com alguém. Retêm na memória suas descobertas e tentam aplicá-las em situações que parecem similares, inútil dizer que se equivocam com frequência e simplesmente, aprontam outra vez!

As bobagens

Quando minha filha tinha dez anos escrevi a seguinte história no meu diário:

Amara ainda se distrai em meio a alguma atividade rotineira com a mesma facilidade que uma criança pequena. Agora, porém, é diferente. Antes era o jogo que a cativava, agora é seu mundo de fantasia. É o seu cérebro o que perde a concentração na hora das responsabilidades (escovar os dentes, vestir-se, pôr a mesa, etc) e faz isso com surpreendente destreza. Imagino que é muito chato para ela ter que fazer coisas que não tem nenhum interesse em fazer, então sua mente busca prados mais verdes. De repente, perde toda a noção da tarefa a realizar, seus olhos se perdem num horizonte imaginário e seu corpo entra nele.

Quando a encontro dançando nua no salão tipo Britney Spears, mas ainda pingando depois do banho, ou recortando revistas em pedaços cada vez mais ínfimos com um cortador de unhas, me incomoda dizer-lhe que pare de fazer bobagens como se fosse algo ruim em si ou ruim para ela. Então em vez disso, utilizo uma imagem tirada de um poema maravilhoso de Michael Rosen, um poeta inglês. O título do poema, "Bathroom Dillydallying", poderia ser traduzido como "Enrolando no banheiro", embora a palavra "dilly-dally" tenha um significado muito amplo: perder tempo, entreter-se com uma ideia, não levar as coisas a sério, rir ou fazer troça de algo, brincar, titubear, paquerar, vadiar...

O poema descreve, a partir da perspectiva de um menino, as aventuras vividas com a pasta de dentes, o talco e o sabão em seu banheiro. Ao final do poema, o menino se perde na experiência de chupar uma esponja, e o som e a fonética da palavra "esponja" começam a rebater nas paredes do seu cérebro, expandindo-se até ocupá-lo por completo.

Então agora, quando Amara sai voando pela janela com Peter Pan, eu lhe recordo que o tempo é um fator com o qual há que se reconciliar, especialmente no final do dia. Digo-lhe com ternura: "Amara, você está chupando a esponja de novo". Ela me sorri, retornando ao mundo dos grandes. Desta maneira podemos desfrutar da sua fantasia reconhecendo-a como um comportamento normal na infância, comportamento que, por outro lado, é necessário para exercer qualquer arte.

Os palhaços fazem e dizem bobagens, seus espetáculos estão repletos delas. Maravilhosas bobagens que às vezes tocam a genialidade e às vezes são uma sublime estupidez. Sim, fazer uma bobagem é fazer algo estúpido, como pretender fazer Hamlet sem nem sequer conhecer a obra, ou fazer uma mágica e revelar o truque. É estúpido que alguém lhe diga "Vem aqui", e você se aproxime para perguntar "Aqui? Agora?", e quando o outro concorda, você lhe diz "Tudo bem, já venho", e se vai para regressar de novo três segundos depois. Estúpido também é colocar uma torneira de plástico na sua frente, e quando finge abri-la, saia um jato de água pela sua boca. Estúpido é vestir uma roupa tão apertada que quando você se agacha rasgam as costuras. Estúpido é subir numa cadeira para logo se dar conta de que tem medo de altura. Sim, os palhaços fazem e dizem coisas estúpidas, mas com extrema sabedoria.

Existem quatro boas razões para se divertir com as bobagens:

1. "A estupidez é infinitamente mais fascinante do que a inteligência. A inteligência tem seus limites, a estupidez não."
Claude Chabrol, diretor de cinema

A pressão de ser ou parecer inteligente é constante na nossa sociedade, mas limita imensamente na hora de criar. Com o afã de ser inteligente, de encontrar essa ideia que faça com que fique bem diante dos outros, você passará por cima de muitas boas ideias cômicas. Perderá muitas oportunidades de cair na tentação por estar na sua cabeça mais do que em seus sentidos.

Ser palhaço significa renunciar à pressão de ser inteligente, mas não à inteligência em si. O palhaço pode parecer um idiota, mas quem lhe dá vida não é. O fato de não pretender ser inteligente é extremamente liberador, abre passagem a uma criatividade totalmente espontânea que, certamente, é muito prazerosa.

2. "Somente duas coisas são infinitas, o universo e a estupidez humana. E não tenho certeza da primeira."
Albert Einstein, cientista

Como disse anteriormente, a arte do palhaço consiste em pôr a natureza do ser humano debaixo de uma lupa cômica. Mas inclusive sem essa lupa parece bastante óbvio que os seres humanos cometam estupidezes com frequência. Somos a espécie mais inteligente de nosso planeta e nossa evolução foi espetacular. Em pouco menos de quatro milhões de anos conquistamos o planeta, levantamos civilizações, erradicamos ameaças, inventamos uma infinidade de objetos para facilitar nossa existência; criamos uma herança cultural, exploramos o espaço, dominamos a natureza, etc. Mas, mesmo assim, nunca deixamos de ser estúpidos.

Se poderia argumentar que passamos a maior parte da nossa vida fazendo bobagens sem ser plenamente conscientes disso. Quando jovens, queremos ser mais velhos; quando velhos, jovens. Negamos a existência da morte correndo em direção a ela. Buscamos a felicidade em geringonças descartáveis, queremos ter razão inclusive quando não a temos, nos apaixonamos e pouco depois odiamos de morte a essa mesma pessoa, fingimos manter intacta nossa dignidade quando está claro que a perdemos. E a prova mais definitiva: a firme crença em nossa superioridade.

Neste universo infinito, nossa ínfima galáxia, a Via Láctea, é composta simplesmente por aproximadamente 100.000.000.000 a 200.000.000.000 estrelas, enquanto as que são realmente grandes abrangem um bilhão de astros. Além do mais, nosso particular Sistema Solar se encontra a 30.000 anos-luz do centro da Via Láctea. A Terra nem sequer é o astro mais importante do Sistema Solar, é mais de um milhão de vezes menor do que o Sol. Visto desta perspectiva, você e eu não somos grandes coisas. Pensar que nossa inteligência é suprema é realmente uma monumental estupidez.

3. "A maioria dos investigadores estaria de acordo em que o humor envolve uma ideia, imagem, texto ou evento que é em algum sentido incoerente, estranho, incomum, surpreendente ou fora do normal. Além do mais tem que haver algum aspecto que nos faça avaliar o estímulo como não sério ou sem importância, colocando-nos num estado mental lúdico, pelo menos momentaneamente".
Rod A. Martin, do seu livro The Psychology of Humor, an Integrative Approach (tradução em espanhol: La psicología del humor, un enfoque integrador).

O livro *La psicología del humor, un enfoque integrador* tem quarenta e oito páginas na seção de referências. Duvido que, a partir de 1950, haja algum estudo empírico sobre qualquer aspecto do humor que tenha passado desapercebido. Com isto quero dizer que tal acadêmico fala com conhecimento de causa.

Poderíamos dizer que os estímulos essenciais para provocar o riso são: a incoerência, o inesperado e o jogo. Fazer algo normal ou comum não é divertido. Tem que existir um elemento que predispõe mentalmente o espectador a ser participante do jogo, que entenda imediatamente que aquilo que está vendo ou escutando não é sério. Ao mesmo tempo tem que perceber uma incoerência; que algo não é como deve ser, que existe uma contradição ou que não está se está seguindo uma lógica habitual. E finalmente, tem que ser surpreendido, não com uma novidade qualquer, mas com uma que nasça do ocorrido, uma novidade que tenha alguma conexão com o anterior. Se não existe esta conexão, em vez de rir, ficará perplexo. "Qual a melhor maneira de reunir estes três requisitos que não seja se divertir com uma bobagem?"

4. "É a fantasia que estabelece os fundamentos da nossa capacidade de criar, de imaginar, de pensar e projetar, de nos livrarmos da simples e plana percepção do que está presente para ir mais além do evidente e imediato, capacidade sem a qual nós humanos não seríamos o que somos".
Luciano Montero, do seu livro La aventura de crecer.

Se as bobagens que nos surgem espontaneamente estimulam a criatividade, o humor e ao mesmo tempo nos liberam de estorvos intelectuais, naturalmente também nos incitam a cair na tentação de fantasiar. As bobagens, por não terem uma meta concreta, nos permitem voar com a imaginação e criar situações em cena que não servem a uma realidade estritamente conhecida. É lógico que o palhaço, sendo um artista cênico, tenha uma realidade teatral, isto é, que seu único limite criativo seja a encenação de suas ideias. Tanto no teatro como no circo podem e devem ocorrer coisas fantásticas, pois são mundos ilusórios, cheios de personagens fictícias, onde durante um breve espaço de tempo se representa uma realidade alternativa. Os palhaços, embora hoje em dia atuem por todas as partes, foram criados nesses lugares fantasiosos, onde nada era o que parecia. É de se esperar, então, que sua imaginação se tornasse muito ativa; que suas apresentações se enchessem de adereços criativos, figurinos fantásticos e maquiagens exageradas.

Como seria a vida sem as bobagens? Ao longo da história, os acontecimentos mais ridicularizados (como o de que a Terra é redonda e gira ao redor do Sol, ou de que voar é possível) foram, na realidade, ideias iluminadas. Leonardo da Vinci, considerado o maior gênio multifacetado de todos os tempos, disse há mais de quinhentos anos: "Nossas maiores bobagens podem ser muito sábias". Chegou a hora de reivindicar seu valor!

O sentido do humor
Por último, mas não por isso menos importante, há que cair em tentação da maneira mais divertida possível, tem que deixar aflorar seu sentido de humor. Praticamente todo mundo partilha da opinião de que ter sentido de humor é algo desejado, inclusive valioso, mas qual será nossa definição do sentido de humor? Temos todos a mesma?

Para averiguar entrevistei um grupo de alunos e, como era de se esperar, suas respostas à pergunta: "O que é sentido de humor?" foram muito variadas:

> *É primeiro saber rir de si mesmo, de seu corpo, das coisas que acontecem com você, etc., e depois rir dos outros.*

> *É não ter preconceitos, ser autêntico e ter uma filosofia de aceitação perante a vida.*

> *É poder distanciar-se um pouco da realidade para vê-la com outros olhos. O sentido do humor serve para poder sair por um momento de uma situação e dar-se conta do absurdo ou divertido que há nela, e isso é muito saudável.*

> *É a capacidade de ver o duplo sentido das frases e uma válvula de escape quando você interage com o outro. Salvou-me de situações muito embaraçosas e por isso agradeço.*

Estas respostas indicam que o sentido de humor é algo muito pessoal, quer dizer, que é algo relativo e subjetivo. As quatro opiniões nos sugerem que o sentido de humor pode significar: uma grande capacidade para rir, uma mentalidade aberta e positiva, uma ferramenta que muda a realidade, uma ajuda para superar a adversidade, um exercício cognitivo que promove a saúde, uma forma de mostrar inteligência, um mecanismo para aliviar a tensão, uma habilidade social e uma arma de autodefesa. Eu acrescentaria a esta lista: uma emoção relacionada com a alegria e, como não, com a capacidade de provocar riso nos outros.

Os palhaços estão no negócio do humor. Para muitos, um palhaço é simplesmente "alguém que faz rir". No meu parecer, é imprescindível satisfazer esta expectativa generalizada, embora existam palhaços (especialmente os da escola russa) que não considerem como requisito imprescindível. Fazer rir, estimular o sentido do humor dos demais não é fácil, mas tampouco é uma missão impossível. Ao longo deste livro explico o ABC da técnica utilizada pelos palhaços para conseguir esta meta: a autenticidade, o fracasso, as bobagens, o jogo, o exagero, a surpresa, etc. Individualmente são ferramentas cômicas muito eficazes, e em conjunto, uma bomba! Obviamente, há que personalizar e integrar cada um destes preceitos e fazê-los funcionar para você. Sua interpretação da técnica dependerá em grande parte do seu sentido de humor, de como você o utiliza e o expressa normalmente.

Identifico imediatamente os alunos que têm prática em fazer rir. Sua graça sempre parece natural, não forçada, mas não são necessariamente pessoas extrovertidas. Manifestam com soltura seu sentido de humor em cena, conscientes do grande recurso natural que dispõem, o qual lhes proporciona uma confiança extraordinária. Sabem que podem contar com esse recurso para tirá-los de qualquer apuro, e então se arriscam mais e desfrutam mais.

Nas nossas primeiras oficinas no Peru, em 2009, tivemos o prazer de trabalhar com dois grupos repletos de alunos como estes. Franco Cabrera era um deles. Nunca fazia nada tal como esperávamos, e sempre encontrava uma maneira de dar uma reviravolta cômica quando era preciso. Franco, começando uma improvisação da parede do fundo, anunciou em voz alta.

> *Vou girar 180º para o norte, posicionando-me perpendicularmente em relação ao público. Vou abrir meus olhos ao máximo e depois dirigir-me até minha companheira com um pouco de música negra na minha cabeça.*

Com a primeira frase já nos deixava rindo, pelo seu jeito escrupuloso e o modo como funcionava seu cérebro. Continuávamos rindo prevendo a ação, desejosos de ver como executaria sua declaração. O estímulo visual que nos ofereceu não nos desapontou. Era alto e magro, e seus movimentos, ondulados e convencidos, ridículos. Tirava proveito cômico de tudo o que fazia e dizia, tanto é que pôde repetir as vezes que quis uma frase ou ação, e provocar novas cócegas em nós.

Se você é como Franco, só terá que se deixar fluir e encontrará o "ponto". Mas se não é, não se preocupe, pois em geral o talento cômico, embora esteja oculto em algumas ocasiões, permanece latente em quase todos nós. O sentido de humor é algo que se cultiva a cada dia.

A princípio é importante reconhecer que você gosta de fazer os outros rirem (sejam eles do seu círculo íntimo ou não) e que é capaz disso ("os outros" podem ser uma só pessoa!). Pessoalmente, desfruto de forma diferente quando me fazem rir e quando sou eu quem está provocando risos. Sinto prazer em fazer rir. E em minha experiência como docente, não existe ninguém que não sinta esse gosto, aberta ou secretamente, de ser protagonista e provocador de felicidade.

Existem duas formas de criar humor: a intencional e a não intencional. Piadas, gags, histórias engraçadas, jogos de palavras, ironia e brincadeiras caem na primeira categoria. Na segunda, ocorrências espontâneas (tanto físicas como linguísticas), maneiras de ser peculiares ou excêntricas, acidentes e gafes leves. A maior parte do humor que é experimentado no dia a dia pertence a esta segunda categoria, ocorre sem ser premeditado, no transcurso das relações sociais. E nessas circunstâncias, a pessoa não costuma ser consciente de estar praticando a arte de ser engraçado, a menos que os risos alheios, ou os próprios, coloquem-na em evidência.

Os que se dedicam a serem palhaços, não obstante, são muito conscientes deste tipo de humor, nem sequer os pequenos detalhes

lhes passam despercebidos. Neles encontram sua maior fonte de inspiração. Todos os clowns profissionais com os quais conversei, observam com entusiasmo a comicidade em sua própria vida e compartilham com boa vontade histórias pessoais, sejam com graça ou desgraças.

Paloma Reyes, clown brasileira, assim me explicou:

> *Sempre procuro morrer de rir com pequenas coisas, pratico meu sentido de humor diariamente. Sim, tenho consciência em cena de quais recursos tenho para fazer rir, e pego estes recursos da minha vida. E os utilizo, porque o que acontece com a minha palhaça em cena também acontece comigo na vida real. Vejo sempre o ridículo que há em tudo, o humor me resgata quando vou ao fundo do poço. Vejo-me de fora e penso: "Ah, isto pode ser muito engraçado!" Pode ser que esteja acontecendo algo bem intenso comigo, mas com muito pouco esforço, usando o olhar da minha palhaça, vejo seu outro lado, seu lado divertido.*

Por isso você não tem que ter um magnífico discurso humorístico, nem conhecer um monte de boas anedotas, nem saber oferecer um bom desfecho para ser clown (embora estes recursos certamente lhe serão úteis). Mas terá que começar a registrar conscientemente o humor que o rodeia.

> "Só há que olhar ao nosso redor para encontrar humor por todos os lados"
>
> *Mr. Di, clown, Espanha*

Para lhe ajudar na tarefa, vou recordar algumas regras que já mencionei neste capítulo:

- Fique atento.
- Reconheça seu lado ridículo.
- Use sua inteligência; incluindo a emocional, a corporal e a interpessoal.
- Busque a parte divertida, irônica, absurda, incoerente, ridícula ou estúpida dos acontecimentos.
- Compartilhe seus descobrimentos com os demais.

Cada um tem seu próprio sentido do humor, sua própria visão cômica, e é importante começar por aí. O que o diverte? Como você faz os outros rirem? Quando ocorre e com quem? À medida que for ampliando essa visão você será capaz de perceber outras esferas da realidade, cada vez com mais facilidade e destreza cômica. Porque, no fundo, o que diverte a todos por igual é o reconhecimento da imperfeição humana. Somos como somos, nisto reside a comédia universal, a comédia do palhaço.

Mario Queen grita:
—Vocês querem vê-lo?
E seu público grita:
—Sim!
—Mais forte! Vocês querem vê-lo? — lhes incita.
—Sim! — voltam a gritar, com entusiasmo.
—Por quê?
—Sim — gritam por inércia.
Mario Queen fica imóvel "Porque sim?". Haha, sempre pergunto "por quê?" e normalmente não podem me responder. Na Alemanha pergunto, "por quê?", silêncio. Na França pergunto "por quê?", também silêncio. Mas na Espanha pergunto, "por quê?" e vocês respondem, "porque sim!". Interessante.

8
O canto dos fracassados

O que todo mundo sabe é que um palhaço faz rir com brincadeiras bobas e desafios imaginários, mas poucos sabem que um clown se encontra com o fracasso e o enfrenta constantemente. E mais, tem de enfrentá-lo diante do seu público! Uma pessoa normal e comum se sentiria oprimida diante de semelhante desafio e não demoraria a buscar um poço bem fundo para se jogar. Em vez disso, para o palhaço o fracasso é muito proveitoso e, de fato, garante o seu sucesso profissional.

Quanto mais trabalhamos com o fracasso do clown em nossos cursos, mais garantimos o sucesso de nossos alunos na sua busca do próprio clown. Impedindo a realização do que lhes pedimos, dando incentivos para que fracassem e insistindo em que não têm que competir nem se defender, conseguimos resultados inesperados. Trabalhar o fracasso se converteu num tema tão imprescindível como fundamental na nossa pedagogia, não somente pela sua importância para o clown, como também para o ser humano que lhe dá vida.

Entre a espada e a parede

Nos cursos de iniciação que oferecemos sempre incluímos entre os primeiros jogos o da espada. Trata-se de um jogo muito simples; seu objetivo é que os alunos comecem a assumir o fracasso em público. Pedimos a eles para formarem um círculo e lhes explicamos que o jogo consiste em pular, agachar ou se mover para trás para evitarem ser assassinados por Alex, que esgrime a seu bel-prazer uma espada imaginária. Se errarem, por exemplo, agachando em vez de pular, ou reagindo muita lentamente para evitar o golpe mortal, têm que morrer em grande estilo, caindo para frente no meio do círculo. Os que ficam de pé aplaudem e elogiam em voz alta agradecendo-lhes pela honestidade de reconhecerem o seu fracasso.

Com muita frequência, a primeira vez que propomos este jogo os participantes se mostram bem relutantes em reconhecer que erraram. Talvez apenas uma pessoa caia e o faça geralmente devido à nossa insistência, porque a vimos errar.

Dois dias mais tarde repetimos o jogo e... parece um campo de batalha! No máximo costuma ficar uma pessoa de pé, porque, já conscientes de que é muito mais divertido morrer espetacular e melodramaticamente, e receber aplausos, do que ficar de pé aplaudindo, inclusive os que não erraram se lançam no chão com entusiasmo. Como conseguimos isto? Trabalhando a vulnerabilidade.

O instante mágico

Anunciamos o trabalho da vulnerabilidade dizendo: "Agora vamos colocá-los em situações onde será impossível cumprir o que pedimos". Avisamos para que entendam claramente que vamos fazê-los fracassar e para que não vejam como afronta pessoal as instruções ou impulsos que lhes daremos. É o clown quem queremos ver fracassar, não a pessoa.

Para isso, propomos um exercício que consiste em representar um conto infantil, e deliberadamente damos um tempo demasiadamente breve para fazê-lo. Entram em duos, mas mesmo assim representar *Os três porquinhos*, por exemplo, é um desafio. A maioria ainda tem inserido um chip de "fazer as coisas bem feitas" e, portanto, querem evitar um fiasco cênico. Tentam então relembrar algo antes de entrar, mesmo que isso signifique perder um tempo valioso. Ainda não entenderam que estabelecer os papéis de antemão tornará impossíveis certos momentos clownescos deliciosos, como ocorre quando dois clowns saem ao mesmo tempo fazendo o papel de lobo e passam o resto do tempo disputando esse papel, ou quando um dos clowns desempenha todos os papéis, enquanto o outro tenta sem êxito encontrar um espaço onde brilhar.

Na verdade os pares se lançam à representação e esquecem completamente do público e dos risos, empenhados em nadar contra a correnteza até o final feliz. Se soubessem que entre centenas de clowns que passaram por este exercício somente uma vez chegaram ao final do conto, talvez relaxassem um pouco! Naturalmente explicamos que ninguém, dos cinco anos de idade em diante, quer ver uma simples, fiel e chata representação da *Bela Adormecida*. Queremos que o príncipe tenha nojo de beijos, que o espelho esqueça o seu texto ou declare à malvada que é a mais linda de todas, que os anõezinhos não deixem de cantar "Eu vou!", inclusive quando Branca de Neve morre. Em resumo, queremos uma reviravolta. Mas entre ouvir nossas palavras e entendê-las há um longo caminho.

No final do tempo concedido tocamos um apito com a intenção de que seu ruído estridente corte a apresentação de supetão, como nos esportes. Fazemos isto porque quando o escutam ocorre algo maravilhoso. Por um instante caem todas as suas máscaras e desaparece a tensão de ter de cumprir o que pedimos. Frágeis, sem desculpas nem defesas, se rendem com uma longa expiração, seus rostos desenham um poema sobre o fracasso humano. Essa aceitação honesta por parte dos clowns sempre faz o público rir e é, além do mais, um instante mágico onde se vê refletido.

O normal é que, passado esse instante, reapareçam as defesas dos alunos que estão em cena. Subestimam a importância do assunto e deixam de se sentir vulneráveis. Sabem que a próxima ação que têm que fazer é nos olhar e nos mostrar o que sentem sobre o que fizeram, mas já se torna difícil. Já não sentem tão intensamente, mas pelo menos todos participaram desse instante mágico da vulnerabilidade, e constatam que ela não somente pode fazer rir, como também dilatar corações.

O direito de mostrar nossa vulnerabilidade

Evidentemente, todos nós temos uma resistência inerente a reconhecer nossas falhas, porque na infância as vivemos como uma verdadeira tragédia. "Vão rir de mim!" não soa muito divertido quando você tem seis anos. No entanto, comprovei que inclusive as crianças podem admitir que erraram abertamente e com bom humor, se não há ninguém que as culpe ou castigue —é simplesmente uma questão de educação—. Minha filha Amara, com seis anos, expunha desta maneira: "Olha, todo mundo erra, não é? Quem tem boca se equivoca (ditado espanhol) e quem tem cu caga."

Tanto em nossos cursos como no mundo do clown se invertem todas as normas. De repente, os alunos se encontram num lugar onde têm que falhar e onde devem se alegrar por suas falhas. A estupidez e o ridículo se convertem em dons merecedores do mais alto reconhecimento. "Você é muito estúpido" e "que desastre!" são elogios. Em pouco tempo, vejo nossos alunos relaxando-se, baixando suas defesas e entrando com prazer no jogo. Sem a pressão de competir ou cumprir algo, o ser humano se expressará com maior liberdade.

Ninguém é a perfeição que desejaria. Porém, em nossa sociedade altamente competitiva é cada vez mais difícil admitir que as coisas não vão tão bem quanto parecem. Temos a obrigação de fingir que somos perfeitos e mostrarmos, pelo menos publicamente, capazes de lidar com todas as adversidades. Que grande esforço representa encobrir a verdade! Porque praticamente todo dia uma pessoa é capaz de perder o norte ou as chaves, não chegar a tempo ou não estar à altura, romper algo ou com alguém, não saber como ou o suficiente, se machucar, esquecer algo importante, pisar na bola. Enfim, ser imperfeito.

Nas últimas décadas, a ideia de que o fracassonão deve nos abater foi se instalando cada vez mais. Em alguns círculos da sociedade vem se promovendo a aceitação do erro pessoal como um passo prévio para a aprendizagem: "O que posso aprender desta situação?" No mundo do crescimento pessoal também escutei muito a frase "Tudo é perfeito". Há quem assegure que estar "negativo" não é saudável; que se deve buscar diretamente o lado positivo das coisas.

Pessoalmente, não sou contra positivar as dificuldades nem sofrer menos, nem transformar fatos dolorosos em aprendizado. Acredito sinceramente que para a alma tudo o que acontece é perfeito. Mas se evitamos a todo custo sentir o que realmente sentimos nos momentos difíceis, estamos nos desviando do encontro com nossa vulnerabilidade. Ignorar sistematicamente este encontro tem efeitos secundários muito graves; de fato, está provocando catástrofes a nível planetário. E continuamos com a cabeça debaixo da terra, como um avestruz. Só quando chega a nossa vez de estar perto da morte é que sentimos em cheio como é tremendamente vulnerável a nossa existência.

O clown, no entanto, aceita o fato de não ser nem o mais forte, nem o mais bonito, nem o mais importante, nem o melhor em nada. Reconhece sua imperfeição, seus erros, sua vulnerabilidade, e brinca com tudo isso. O clown sente o momento da falha, vive o fracasso com liberdade e criatividade *antes* de encontrar a maneira de seguir em frente. E com certeza, sempre supera e segue em frente com atitude positiva, até o próximo tropeção!

O exemplo de Pamela

Pamela era uma clown com uma força vital explosiva. Tinha uma grande soltura em cena, devido a um fino e desenfreado sentido de humor; tanto é que com frequência lhe era impossível controlá-lo. Era uma bomba no palco, nunca sabíamos qual seria sua próxima loucura, mas não tínhamos dúvida de que ia nos divertir. Nos primeiros exercícios, quando entrava para improvisar sozinha, deixava seus companheiros de classe maravilhados. Simplesmente, admiravam-na.

Parecia estar completamente confiante, não tinha dificuldade em mostrar tudo de si, mas eu via uns claros sinais de que havia algo sem resolver. Era tanto o seu afã de seguir sua própria loucura que às vezes ia longe demais, ofendia ou feria seus companheiros clowns, e cedia o foco de atenção resmungando (e somente com a nossa insistência), para monopolizá-lo de novo no instante em que sentia que a energia baixava ligeiramente. Inclusive o público deixava de gostar da sua atitude por momentos, a sensação era de que não se importava com nossa reação. Minha impressão dela era a de uma surfista de alta competição: sua ambição era subir na crista de uma onda cômica, e manter-se ali a qualquer custo, sem importar-se com as consequências.

Pamela era incapaz de fazer uma pausa ou ficar quieta porque, como admitia, lhe dava pânico. Sua dificuldade era mostrar-se indefesa, desarmada, vulnerável. Por isso lhe propus trabalhar somente nisso: em dar um tempo, em buscar a comodidade no vazio. Como era de se esperar, estava disposta a experimentar, mas continuava sentindo-se horrível cada vez que se permitia mostrar sua ternura. Nós, por outro lado, víamos que ficava belíssima submergida nela. Pamela, no palco, lutava criativamente com seu medo. Uma de suas improvisações se desenvolveu assim:

Começa sua apresentação colocando apenas os dedos das mãos entre os dois biombos que compõem a rotunda e separando os biombos por alguns centímetros, empurra seus lábios entre eles.

—*Não vou fazer nada de nada! — exclama sua boca em primeiro plano.*
Faz uma pausa e começam os primeiros risos.
—*Não, de verdade, não esperem nada, porque não vou fazer nada.*
Outra pausa, mais risos. Desaparece a boca e aparece um olho que nos olha intensamente. Sai um dedo indicador que começa a gesticular:
—*Não, daqui, eu não saio.*
Mais risos. Põe sua cara inteira:
—*É só isso mesmo… Na verdade, já estou fazendo muito. Menos, tenho que fazer menos!*
Fecha o espaço que há entre os biombos apertando sua cara ao máximo. A imagem é tão completamente ridícula que rimos de novo.
—*Menos, tenho que fazer menos —repete sua boca torta, apertada de maneira firme entre os biombos—. Somente tenho que mostrar a boca.*
Retira a parte superior da sua cabeça lentamente, mas seu nariz de palhaça fica preso entre os biombos.
—*¡Oh! —entoa com uma vozinha— Alguém me ajude! Rimos, mas ninguém se levanta.*
Pausa. Suas mãos, que estão segurando os biombos, pouco a pouco começam a deslizar, com a clara intenção de liberar o nariz. Joga o problema sem chegar a resolvê-lo.
—*Bom, agora sim, vou fazer algo… vou embora! — exclama com determinação. E arrastando os biombos, ainda firmemente apertando seu nariz vermelho, sai de cena em meio a aplausos.*

Em outra improvisação trabalhou com uma amiga de confiança, a quem havia pedido de antemão que lhe ajudasse a fazer pausas. Decidiram que a situação ideal seria uma *aula de etiqueta*, com sua amiga no papel de instrutora dando-lhe conselhos e ordens sobre como e quando falar, como e quando mover-se, e certamente tomando cuidado para não ofender nunca a ninguém. A improvisação foi magnífica. Pamela experimentou o prazer de não ter nem o controle nem a responsabilidade do desenvolvimento do número. No papel da "menor" podia brincar, criar problemas e ser tão entusiasta quanto quisesse, mas com pausas sinalizadas pela amiga, que a mandava acalmar-se ou calar-se com suavidade impecável.

Estas e outras improvisações sem dúvida lhe ajudavam a sentir-se mais confortável sem seus recursos habituais, mas ainda não se havia mostrado vulnerável em nenhuma delas. Ocorreu finalmente com um exercício que chamamos "O *dever* versus o *prazer*". Neste exercício pedimos ao aluno que atravesse o palco com certa urgência, porque tem um compromisso importante com "o dever", mas no meio do caminho vê uma maçã sobre uma cadeira, "o prazer" chamando-o. A pauta é jogar com este grande dilema, entre "o dever" (e tudo o que sente em relação a ele) e "o prazer" (que é infinitamente mais atraente), até encontrar uma resolução e terminar a improvisação.

No caso de Pamela, Alex lhe deu como dever o primeiro dia em um novo trabalho. Insistiu que era imprescindível para ela trabalhar, porque necessitava de dinheiro urgentemente, já que não tinha comida em sua casa e seu filho de quatro anos estava faminto (situações tão extremas são necessárias, senão o clown iria diretamente comer a maçã). Enquanto Pamela escutava as palavras de Alex, sua expressão era a de alguém que conhecia muito bem como era ser uma mãe com problemas econômicos. Alex havia tocado em cheio no seu ponto fraco, e desta vez não teria escapatória.

Começou a improvisação com boa vontade, acertando como sempre em seus comentários e ações, fazendo-nos morrer de rir diante do seu dilema. Depois, se entregou completamente ao prazer, e deu uma grande mordida na maçã. Justamente nesse momento, Alex lhe fez uma chamada telefônica imaginária para lhe recordar do seu dever, "Mamãe, estou com fome", disse-lhe imitando a voz de uma criança. Estas palavras pegaram-na completamente desprevenida. Durante um longo tempo não sabia o que dizer nem como reagir. Estava completamente imersa numa pura emoção de impotência.

Aquele momento nos fez abrir nossos corações, nos havia deixado senti-la e amá-la. E, quando se sentou de novo entre seus companheiros, ela mesma reconhecia ter experimentado algo valioso. Reconhecia que havia encontrado o que buscava, e foi muito menos terrível do que havia imaginado.

Agora só tinha que dar um último salto, converter sua sensação de impotência em arma cênica, brincar e desfrutar dela. E assim fez. Na sua seguinte improvisação lhe demos a oportunidade perfeita. O exercício 9, "O objeto do desejo" (explicado no capítulo 12) foi ideal: uma clown vê uma peruca rosa e a deseja com todas suas forças porque a converterá numa "Superestrela disco", mas... por umas estúpidas linhas no chão que uma autoridade disse que não pode passar, não pode alcançar nem a peruca nem seus sonhos. Impotência extrema!

Pamela viveu a situação como se passasse toda a vida expressando a impotência através do jogo, com uma atitude de "pobre de mim" que suas caras e sussurros mostravam como uma estratégia para nos comover. Entre tentativas infrutíferas e episódios de frustração para conseguir a peruca, pediu ajuda fazendo biquinhos com seus lábios "trêmulos", e com um fio de voz disse: "Não posso sozinha, não sou capaaaz, necessito de ajuuuda, por favooor, por favooor, lhes imploro, ajudeeeem-me". Parecia um filhote perdido. Era tão estupidamente patética que, ao mesmo tempo em que tocava em nossa alma o desejo de ajudá-la, nem nos passava pela cabeça lhe prestar socorro, porque isso significaria o final de sua fantástica atuação.

A aventura de buscar

Thomas Edison fracassou mais de mil vezes antes de aperfeiçoar a primeira lâmpada elétrica. Mil vezes! Dependendo de como você encare, isto representa anos de fracasso ou anos de aproximação a uma meta. Tudo depende da atitude diante das dificuldades. Edison era cientista, e os cientistas tem clareza de que para poder avançar têm de submeter à prova a teoria na prática, aplicando a metodologia de tentativa e erro todas as vezes que for preciso, até ser bem sucedido. Provavelmente Edison se sentiu frustrado, mas não por isso deixou de acreditar que era possível. São suas as palavras: "Muitos fracassos são de pessoas que não se deram conta de que estavam próximas do êxito quando se deram por vencidos".

Sempre deixamos muito claro para nossos alunos de iniciação para não se preocuparem se não encontrarem uma resposta imediata para o que estão fazendo. Colocamos cada vez mais ênfase no fato de que a improvisação é simplesmente uma busca do que pode funcionar, e lhes incentivamos a viverem o processo à maneira científica de tentativa-erro/tentativa-acerto. "Continue buscando" é uma recomendação muito alentadora para os que estão improvisando, pois lhes ajuda a manter a calma diante do silêncio absoluto do público. Explicamos a eles que estão buscando em seu corpo, sua voz, sua energia, algo que provoque um primeiro riso ou sorriso, mesmo que seja de uma só pessoa; que têm que quebrar o gelo oferecendo algo de si mesmos e que, se não funciona, têm que arriscar mais, serem mais loucos ou estúpidos, exagerarem o que fizeram ou provarem coisas novas. Pular na piscina é a única maneira de aprender a nadar.

É essencial que percebam que até onde consigam chegar depende só deles, mas isso não significa que tenham que esforçar-se para fazê-lo melhor. Tratando-se do clown, é preciso justamente o contrário. Significa liberar as tensões, soltar-se e permitir-se explorar. As pessoas que chegam a completar o processo de inscrever-se num curso de clown querem que lhes incite a fazer o ridículo. Poucos na realidade sabem como, mas basta que alguns corajosos entrem em cena dispostos a "se molharem" para que os demais também se animem a fazê-lo.

Nós tentamos ajudar todo o tempo a partir da privilegiada posição da frente (daí é muito mais fácil perceber o que pode ser divertido). Oferecemos pautas precisas que extraímos do baú de nossa experiência neste campo ("O que você sente?", "Escute o público", "Continue com isso, funciona", "Não se mexa tanto!") ou por meio de uma ativa intuição que nos mantém num bom caminho quando a pessoa que temos na frente precisa de algo totalmente personalizado.

Alex nesses momentos tem ideias hilariantes, que muitas vezes aliviam a tensão acumulada na sala por alguém que já tentou uma série de ações que não funcionaram. Às vezes esta tensão é palpável, nesse caso é essencial que encontremos o "ponto" para subir a energia geral de novo. Como professores, temos a responsabilidade de estar o tempo todo atentos ao ambiente energético reinante, porque quando é baixo, é mais difícil fazer rir. O riso levanta a energia e desperta os sentidos. É melhor um grupo atento e disponível na hora de conseguir risos.

Por isso inventamos na hora. Por exemplo, combinamos entre nós: "Eu vou distraí-lo e você vai atrás e move o biombo pouco a pouco para frente até cobri-lo, vamos ver como responde". Outras vezes começamos a fingir que não entendemos nada ou discutimos abertamente sobre o que pensamos ter entendido. Serve qualquer bobagem que faça parte da situação que tentam jogar ou que lhes ajude a se soltar um pouco. Tentamos provocar ou elogiar, distrair ou desesperar, sempre com a intenção de cutucar o clown para que apareça com mais força. O fato de sermos dois é muito proveitoso. Às vezes brincamos de "bandido e mocinho", ou um pede para fazer uma coisa e o outro pede o oposto, para ver como tentam resolver o dilema de ter dois chefes que se contradizem. Eu também aproveito o fato de ser inglesa, e lhes peço em inglês que façam algo. E mais, se me entendem falo cada vez mais rápido, ou começo a pronunciar mal. Por seu lado, Alex inventa palavras na hora. Pede-lhes com tanta convicção e naturalidade, "podem se aboretear para nós, por favor?", que às vezes pensam que deveriam estar lhe entendendo!

Com tudo isto, nossa única intenção é colocá-los em apertos. A dificuldade neste caso é de grande ajuda para as pessoas em cena, porque o que estamos fazendo na realidade é empurrá-los para saírem de sua zona de conforto e entrarem num terreno pouco habitual, mas não por isso desconhecido. Normalmente, não é algo que estejam acostumados a viver em público, mas precisamente por isso é tão interessante e inspirador para os que observam o processo. A genialidade sai à tona, porque todos nós tempos um instinto de sobrevivência aguçado. As respostas ingênuas instintivas em situações de apuro e os recursos criativos que aplicam para sair dali são precisamente o que buscamos. O clown toma impulso da dificuldade, sabe que não lhe resta mais remédio que inventar alguma solução.

Para abrir caminho para a loucura, em algumas ocasiões é necessário utilizar música. Nós temos um grande repertório de música à mão se "por acaso"; música circense, clássica, de filmes, oriental, clássicos dos anos setenta, oitenta e noventa, e música contemporânea. Sabemos que a música é capaz de tocar profundamente a psique. Com música somos capazes de soltar o cabelo, brilhar como uma estrela, nos movimentar de maneiras inesperadas. Assim, às vezes experimentamos despertar o palhaço com uma injeção intravenosa de adrenalina pura: os convidamos a serem roqueiros, rappers, heróis, dançarinas do ventre, diferentes sex simbols, etc., com uma música apropriada. Os resultados muitas vezes são divertidíssimos, e muitos alunos comentaram depois que ficaram surpresos com a quantidade e a qualidade da energia que são capazes de mostrar.

Tentativa e erro

É difícil para a grande maioria conseguir fazer rir simplesmente com o que são, precisamente porque é uma arte. Não é até que você experimenta o papel de artista que percebe tudo o que está em jogo, e de todos os elementos que você tem que considerar quando exerce esta arte. Eu sempre fui uma leitora voraz, mas nunca parei para me perguntar por que gostava mais de um livro e de outro não, até que comecei a escrever este livro. De repente, me encontrei sentada diante do meu computador portátil durante horas procurando num poço de ideias e recordações. Ter que dar-lhes forma, buscar palavras precisas, foi o que me fez ver a arte do escritor, e naturalmente, de repente meu respeito por eles aumentou consideravelmente, e entendi que tinha que continuar aprendendo com muita humildade.

No seu primeiro ano de vida você desenvolveu e aperfeiçoou a habilidade de caminhar (para mencionar apenas uma das muitas habilidades que aprendeu na época). Para adquirir a confiança necessária para se lançar no vazio, você teve que aprender a utilizar o seu corpo e a fortalecê-lo. Teve de fazer mil tentativas em cada etapa antes de alcançar sua meta. E teve que passar por muitas etapas – virar-se, sentar-se, engatinhar, levantar, sentar-se a partir da posição de pé, manter o equilíbrio, locomover-se com ajuda, manter-se de pé sem apoio – antes de reunir suficiente coragem, vontade e fortaleza para dar seus primeiros passos. Ainda assim, eles foram instáveis e desajeitados!

Para chegar a caminhar com soltura e coordenação como agora, você caiu um milhão de vezes. Saber que cair não é perigoso é o que te dá confiança para avançar. No palco é o mesmo. Você tem que adquirir experiência por meio da repetição, e não serve para nada a autoexigência. De fato é prejudicial para a aprendizagem, porque é fácil desanimar quando você coloca uma meta excessivamente alta: "Vou entrar em cena e provocar gargalhadas contínuas". Esqueça-se disso! O único que você necessita é entusiasmo e vontade de aprender. Cada um tem seu ritmo, uns podem assimilar a lição com rapidez, outros vão necessitar mais tempo.

A arte do clown se baseia precisamente na aceitação pessoal de nossas limitações; somos quem somos e estamos fazendo o melhor que podemos. O essencial é desfrutar do processo, sejam quais forem os resultados. Por isso você tem que fazer o que lhe apeteça todo o tempo, sair em busca do "Que prazer!", e não se desanimar se você se encontrar com o "Que horror!". Entre os profissionais todos sabem que um clown capaz de fazer um trabalho digno em qualquer circunstância é um que leva pelo menos dez anos atuando.

Como foi pra você?

Um aspecto importante do trabalho inicial com nossos alunos é que tomem consciência da resposta real que estão obtendo do público. Têm que saber se o que estão fazendo funciona ou não, utilizando seus olhos e suas orelhas. Têm que poder receber a reação de cada indivíduo que têm diante e fazer um bom uso da informação que recebem. Se há alguém sorrindo é um amigo; se há alguém rindo, um aliado, e se são vários os que riem, lhes estão concedendo licença para prolongar ou desenvolver a situação. Cada uma destas reações deve ser interpretada como um êxito; um pequeno êxito, um êxito médio ou um grande êxito.

Frequentemente, o problema é que ao estar diante de um público muita gente perde a capacidade de manter seus cinco sentidos em funcionamento. Quase toda a informação que recebem é nova e extrapola seus limites. Por isso damos muita ênfase no momento "pausa", o momento que vem depois que o clown fez o que veio fazer, o momento em que nos mostra o que sente sobre o que fez.

Para que entendam este conceito, lhes propomos um exercício muito simples (que aprendemos com Eric de Bont), que consiste em pedir-lhes que escolham uma emoção básica e dizer-lhes que "o espetáculo" que têm que realizar é entrar com essa emoção e dizer uma só frase: "Olá, me chamo... e a terra é redonda". Durante a parte do espetáculo podem buscar tudo o que quiserem, podem levar o tempo que necessitarem, puxar um pouco mais para o ridículo o que estão fazendo ou seguir nossas indicações, mas logo queremos ver o que sente o clown sobre o que fez e sobre a reação que obteve do público.

Como não estão acostumados a fazer um parêntesis e sentir, fazem de tudo menos isso, então lhes recordamos perguntando "Como foi pra você?". A princípio muitos optam pela saída fácil. Entretanto, responder "mal" ou "bem", sem dar mais informação não é suficiente, e se dizem "bem" quando foi mal, ou "mal" quando foi bem, o público se sentirá confuso ou enganado. Em ambos os casos temos que lhes oferecer uma saída.

"Bem?", pergunta Alex, e acrescenta: "Foi terrível! Uma criança de três anos poderia ter feito melhor". Ele diz isso para que reajam, deixem de negar seu fracasso e comecem a vivê-lo. "Mal?", eu pergunto: "Tem alguém aqui que riu?" Muitas mãos se levantam. O que procuro é, uma vez mais, sua reação, e que deixem de negar seu sucesso e comecem a desfrutá-lo.

O fundamental é reagir, mas quanto mais criativamente viver o momento, melhor. Assimilar isto é especialmente importante diante do fracasso. Os incentivamos então a "aceitar o fracasso". Isto significa fazer uma pausa para terem o tempo de reconhecer de alguma maneira que fracassaram. É o momento de ser vulnerável, de escutar o que o fracasso lhes provocou internamente e de mostrá-lo. Evidentemente, há muitas maneiras de aceitar o fracasso, muitos matizes, pois cada clown reagirá segundo a situação e segundo o que esta lhe provoque; é uma questão de criar a partir daí. Estas são algumas maneiras de brincar com o fracasso que vimos:

Foi um desastre e o protagonista:
- Começa um monólogo de desculpas.
- Não entende o que aconteceu (e tenta entender).
- Nega-o de maneira cada vez mais exagerada.
- Rebela-se contra a autoridade, as regras, as exigências, etc.
- Explode em gargalhadas incontroláveis.
- Reconhece que não foi honesto emocionalmente e que está tendo um dia ruim.
- Mantém o entusiasmo pelo que acaba de fazer e volta a experimentar a ação, porque realmente está convencido de que é uma gag genial.
- Continua relaxado, porque é um convencido e "não tem problema".
- Faz-se de vítima completamente. Revira os fracassos da vida, do universo, da humanidade.
- Duvida. Joga com a incerteza sobre se foi um fracasso ou não.
- Chateia-se consigo mesmo tipo "é/sou um idiota".
- Abre uma sessão de terapia assumindo ao mesmo tempo os papéis de terapeuta e paciente.
- Sente-se angustiado. Dói-lhe o coração; não, é o estômago... ou ambos, e também a sobrancelha esquerda, etc.
- Sente um desconforto na pele. Começa a ter tics nervosos ou tenta ficar à vontade, mas não consegue.
- Sente-se arrasado pela culpa —"Que terrível o que fiz!"— ou procura culpar a outro.

O canto

Tempos atrás colocamos nome no lugar da sala onde tinham que ir os que eram eliminados nos jogos. O 'Canto dos Fracassados' surgiu do desejo de mudar a pauta normal nessas circunstâncias. O normal é que você jogue até cometer um erro e ser eliminado, e nesse caso tem de abandonar o jogo. A partir de então, só é permitido observar os que continuam jogando, mas não participar. Para nós, estas regras não encaixam com a pedagogia do clown, então introduzimos uma pauta distinta. Os eliminados têm sim que sair do jogo (aceitar o fracasso) e ir para o 'Canto dos Fracassados', mas ali seguem vivos e ativos. Continuam participando e inclusive podem ser reincorporados ao jogo se encontram uma maneira clownesca de fazê-lo. Deste modo, convertemos o fracasso num jogo a mais que podem desenvolver, e evitamos a renúncia associada ao fato de ser eliminado.

Nosso propósito é ensinar que um clown nunca se dá por vencido diante das adversidades e que sempre mantém a esperança. Talvez tenham lhe ordenado sair de cena, porque ali não necessitam dele, ou não querem vê-lo mais, mas ele não pensará nunca que é para sempre. Tem uma memória muito curta ou se esquece de propósito: não era sério o "fora!". É só uma questão de esperar um pouco, ou se disfarçar com um bigode, ou entrar por outro lado, ou aproveitar que não está acontecendo nada importante. A autoridade vai se esquecer do ocorrido ou não lhe reconhecerá, com certeza.

Então começamos dando as pautas do jogo, e designamos um lugar específico da sala aonde têm que ir os que foram eliminados. Sempre elegemos um lugar num lado, não um canto propriamente dito, de modo que os fracassados tenham espaço para reagir e estejam à vista de quem continua jogando. Se estamos trabalhando com o nariz vermelho, lhes advertimos que não o tirem ao chegar ali, e que não fiquem apoiados na parede nem se ausentem do jogo.

Dizemos também que ainda estão em cena, que devem reagir ao que acontece ali utilizando sua perspicácia, mas, para evitar o caos, têm que respeitar o foco e escutar a autoridade (nós).

Entre os jogos que propomos com esta pauta, o meu favorito, pela simplicidade e eficácia, é o jogo de "Grupos de...". Trata-se do seguinte: todos os alunos circulam pela sala até que o professor grita "Grupos de 2... 3, 4, 5, 6...". Escolhemos o número tendo em conta quantos jogadores estão circulando num momento dado do jogo. Sempre tem que haver um maior número de jogadores que múltiplos do número anunciado. Os alunos têm que formar os grupos depressa, e os que ficam de fora devem abandonar o jogo e dirigir-se ao 'Canto dos Fracassados'.

Neste jogo todos acabarão perdendo, já que quando ficar uma ou duas pessoas lhes pediremos que façam um grupo de três, e deverão assumir que não podem. É muito revelador ver as várias maneiras que tentam sobreviver. Quando jogam aflora sem reservas sua competitividade, seu desespero em ficar entre os ganhadores, como também seus pensamentos ocultos sobre si mesmos, sua idoneidade e seu companheirismo. Observo com interesse a atitude perante o jogo de cada um, porque me dá muitas pistas sobre como é o seu clown.

Aprendemos que é essencial explicar claramente que a violência não é necessária em absoluto. A agressão física é inerente a muitas brincadeiras de crianças, e o jogo de "Grupos de..." não é uma exceção à regra. No frenético momento de formar grupos a toda velocidade, às vezes os participantes faziam coisas perigosas ao extremo, como saltos, empurrões e puxões. Tudo valia com a finalidade de ganhar e, portanto, tive que tirar esse "chip" deles. Consequentemente, Alex sempre deixa claro antes de começar que é mais interessante para todos que um grupo chegue a um acordo sobre quem está demais, por meio de olhares e movimentos suaves, e o que sobra deve aceitar.

Com esta pauta ocorrem coisas muito mais clownescas, que me surpreendem, sobretudo pelos desenlaces ternos. Num curso em Portugal iniciamos este jogo, e quando Alex gritou "Grupos de três!", se formou um de quatro clowns. Em seguida, alguém decidiu que era sua vez de sair, mas quando fez o gesto de se retirar, os outros lhe agarraram e disseram: "não vá embora, não vá embora!". Ele, com expressão resignada, tirou com delicadeza as mãos que o impediam de ir e depois deu alguns passos para o 'Canto dos Fracassados'. Mas o grupo, como uma só identidade, moveu-se em direção a ele com rapidez e voltou a segurá-lo: "Não vá embora!". Então, ele olhou para nós com cara de "e agora?", mas não íamos proporcionar-lhe uma solução, o problema que tinha era extremamente interessante. Que situação mais inesperada a de alguém que deseja fracassar e que os outros não lhe deixam!

Ele se aferrou à sua intenção de sair, mas cada vez que tentava os outros encontravam uma maneira de impedi-lo: pegaram-no pelos pés, formaram uma barreira entre ele e o 'Canto', sopraram-lhe para trás. Tudo isso transcorreu com muita suavidade; em nenhum momento havia gestos bruscos ou atitudes violentas. Ninguém mais se mexia, toda a atenção se centrava no deleite geral provocado por esta cena comovente. E não nos decepcionaram, já que a resolução que encontraram foi maravilhosa.

Diante da insistência de Alex para que alguém fosse para o 'Canto', os três que não deixavam o quarto ir decidiram se retirar do jogo. E se foram contentes, unidos, não sem antes dar um forte abraço no quarto, dizendo-lhe "Estaremos te esperando!". Receberam um enérgico aplauso pela sua atuação. Deram-nos uma lição magistral sobre a atitude altruísta do clown diante do fracasso e como essa atitude reconstrói o seu sucesso.

9
Estratégias para brincar

Brincar consiste, antes de tudo, em divertir-se; é o único e verdadeiro objetivo. E é claro que os palhaços querem se divertir. Suas improvisações e atuações se baseiam em viver brincando, porque é a via mais direta para a diversão. Além do mais, sabem que seu público rirá com mais facilidade ao lhe oferecer um estímulo cujo tom seja claramente lúdico. Por essa razão, desenvolver-se em cena com um espírito de brincadeira é vital, não somente na fase de aprendizagem, como também como profissional. No entanto, como ocorre com a maioria dos preceitos do clown, a tarefa de brincar é muito mais complexa do que parece à primeira vista.

A capacidade inicial de meus alunos para brincar e se divertir é muito variada, e a idade não é precisamente o fator decisivo (muitas vezes são os alunos maiores de sessenta anos os que mais se lançam nas brincadeiras!). Lamentavelmente, muitas das pessoas que vêm às minhas aulas deixaram de brincar muito cedo, e seu sentido da brincadeira com frequência está, no mínimo, um pouco enferrujado. Por esta razão, sempre iniciamos as aulas com jogos simples, para recordar-lhes o que sentem ao brincar e para voltar a despertar neles o espírito lúdico.

Normalmente começamos jogando o "pega-pega", um jogo de perseguição. Sempre me espanta o fato de que todos os alunos, sem exceção, e de maneira imediata, começam a correr entre gritos e risos, lançando-se como loucos pela sala, esquivando-se e agachando-se, inclusive se arriscando a cair de bruços, e tudo para não serem apanhados. Nenhum questiona o jogo ou suas regras, nem pensam na estupidez do jogo, ou na sua própria. Nem sequer se perguntam: "Por que me importa tanto que não me peguem?". É claro que todas as suas reflexões intelectuais ficam de lado enquanto dura o jogo. Instintivamente, canalizam todos os seus esforços para não serem "apanhados", porque ninguém quer sê-lo voluntariamente. É como se todos pensassem em uníssono: "Alguém tem que ser o 'trouxa', mas não eu". Não pensam que forçosamente têm que haver um 'trouxa', que o jogo depende dele.

Visto de fora, observo que o jogo se apoderou deles e que, como resultado, sentem-se muito mais ágeis, entusiastas, fluidos e engraçados. Precisamente por isso é tão importante que recuperem sua capacidade de brincar antes de tentar encontrar o seu clown. Felizmente, é uma capacidade que se recupera no preciso instante em que a pessoa começa a brincar.

Uma vez que jogaram vários jogos simples, estão mais soltos, então lhes propomos jogos teatrais que, além de divertidos, propiciam a concentração, a confiança, a espontaneidade e a sensibilização. Estas qualidades são fundamentais para brincar, mas são especialmente necessárias para o clown. Os alunos têm que "se aquecer", o que significa estar completamente despertos física, mental e energeticamente. E se a brincadeira implica outras pessoas, também têm que confiar nos outros jogadores.

Com estes jogos conseguimos despertar o espírito brincalhão e, à medida que o tempo vai passando, começamos a ver em suas reações espontâneas lampejos do clown que trazem dentro. Quando isto ocorre, sei que estão preparados para abordar as seguintes etapas do aprendizado: aprender a brincar como clown frente a um público e encontrar os jogos que mais funcionam para cada um deles.

Brincar diante de um público é de uma complicação fascinante, até se converter em algo inerente. Então, e só depois disso, parece incrivelmente fácil. Alguns dos alunos que temos são clowns naturais, mas inclusive eles têm que aprender as estratégias básicas que são necessárias para iniciar, improvisar e encenar jogos de clown. Na realidade, tais estratégias são, sobretudo, sinais que indicam aos alunos a direção correta, mas que nunca restringem sua liberdade de escolha. Ajudam a manter a clareza, a simplicidade e a cumplicidade durante a atuação, três das pedras angulares da comédia.

O prazer interior

Antes de entrar em detalhes sobre as estratégias usadas pelos clowns, creio que devo chamar a atenção para a importância de descobrir o prazer interno enquanto você improvisa. Se você observar as crianças quando estão envolvidas em brincadeiras de imaginação, melhor ainda, se brincar com elas, logo notará a importância que tem esse prazer, além de entender o estado lúdico mais profundamente.

Minha filha, durante sua infância, era tremendamente feliz enquanto brincava, razão pela qual era uma brincalhona esperta e uma grande inventora de brincadeiras e jogos. Quando gostava de algum jogo em particular, jogava-o sem parar, reinventava-o um pouco para conservar o interesse, mas mantinha a estrutura básica intacta, salvo se também a reinventasse num salto imaginativo. Adorava inventar novas regras para seus jogos, principalmente se eram jogos de dramatização, nos quais eu também participava.

> —*Você é o monstro e tem que me sequestrar* — *dizia-me. Mas quando eu tentava ser o monstro, saía correndo.*
> —*Ei, não combinamos que eu tinha que te sequestrar?* — *eu resmungava.*

—É que encontrei uma capa invisível, e você não me pode ver! — me respondia, enquanto escorria por trás de mim e saltava sobre minhas costas.
—Acaba de cair algo em cima de mim, mas não vejo o que é — dizia-lhe grunhindo enquanto girava, fingindo que queria tirá-la de cima.
Dando gritos de alegria, minha filha encontrava infinitas maneiras de prolongar a diversão.
Um dia em que brincávamos a brincadeira do monstro mau, fiz aparecer um monte de correntes imaginárias e a amarrei com elas e um cadeado em um calabouço profundo e escuro, debaixo da colcha da sua cama.
—Pois agora —disse-lhe em tom triunfante—, você não me escapa, vou te comer no jantar!
Mas outra vez minha filha foi mais esperta do que eu. Simplesmente pegou uma chave imaginária (que astutamente tinha escondido antes), abriu o cadeado e saiu correndo entre gritinhos e gargalhadas.
—Sinto muito, monstro, esta noite você terá que comer… verdura! — gritou entre risos.

Como você pode ver, as crianças sempre direcionam as brincadeiras para onde mais lhes interessa, para seu próprio prazer. Não há que explicar, sabem disso de forma natural; porém nós, os adultos, temos que recordar: a chave para brincar com sucesso é o nosso prazer interno. Por isso, a pergunta que você se deve fazer se alguma vez ficar bloqueado num jogo em plena cena é esta: O que você gostaria de fazer agora? Incrivelmente simples, não?

Encontrar o jogo
Sua professora de clown pede que entre um voluntário e você dá um passo adiante. Em seguida lhe explica o exercício. Você assimila

o que supõe que deve fazer e vai atrás do biombo para começar a improvisação. Põe o nariz vermelho e pensa em como começar, e de repente se dá conta de que outra vez está de pé na beira de um trampolim com os olhos vendados, a ponto de saltar no vazio. O exercício é só o principio, o trampolim, mas ainda tem que encontrar o jogo que o seu clown vai oferecer ao público.

Encontrar um jogo não é tão difícil quanto parece. Pouco a pouco você vai descobrir que existe uma quantidade infinita deles. Muitas vezes, a parte mais difícil é reconhecer esse jogo que já começou no momento mesmo de entrar em cena. Ter uma atitude aberta e um estado de alerta sem dúvida ajuda muito, mas o mais fácil é estar atento às reações do público. São eles que vão lhe dizer quando começou o jogo (não somente com o seu riso ou com seu silêncio, mas também com sua postura física e seu nível de atenção), quando querem mais do mesmo ou quando deixou de lhes interessar.

Às vezes, como já disse, um jogo pode começar espontaneamente porque seu clown entrou em cena com você. No entanto, se a conexão que você tem com seu clown é intermitente, para se reconectar você terá que começar por algo mais simples (um gesto, uma ação ou um estado emocional) e observar com atenção qualquer reação positiva, tanto em seu interior quanto no público.

Iniciar algo novo é *uma proposta*, é seu clown propondo um novo jogo. Um clown pode converter qualquer coisa em um jogo, mas as melhores propostas são aquelas que são claras, simples e ao mesmo tempo atrativas. Também lhe proporcionarão ferramentas para o jogo as propostas que indiquem o que você sente, o que está fazendo em cena, o que lhe interessa, onde está ou qual relação você estabelece com as pessoas ou com as coisas que o rodeiam. E se além do mais o que você propõe for engraçado, saberá com certeza que vai pelo bom caminho!

Portanto, as boas propostas de jogo têm substância e são muito apetitosas. O conduzem para adiante facilitando-lhe o caminho, porque atuam como matéria inflamável da criatividade. As propostas estéreis são as que não alimentam sua criatividade, as que não têm suficiente força emocional ou as que são tão insípidas que não causam nenhum interesse. Costumamos fazer propostas fracas quando não somos sinceros ou generosos, e o público não se deixa enganar. Não se esqueça que o *como* é tão importante, ou até mais que o *quê*. O público vai desfrutar de verdade com sua forma de ser, em ver como se expressa ou como se manifesta seu humor.

Às vezes você vai encontrar um jogo que poderá manter durante toda uma improvisação, outras vezes terá que mudá-lo, seja porque o público perdeu o interesse nele, ou porque você mesmo perdeu, e ambas as coisas costumam coincidir. Em alguns casos, o jogo tem um limite lógico, no qual forçosamente tem que acabar; em outras encontrará jogos dentro do jogo que vão enriquecer indefinidamente a estrutura inicial.

A seguir tentarei esclarecer tudo isto, com exemplos de improvisações realizadas por alguns de meus alunos. Em algumas das explicações incluí nossos comentários a alunos que se encontravam em apuros. Com frequência nossa intervenção é uma tábua de salvação, mas, na medida do possível, deixamos que sejam eles mesmos os que encontrem a tábua que os mantenha à tona. Não obstante, em algumas ocasiões pedimos aos alunos que voltem a começar sua improvisação. Isto acontece quando o aluno tem que aumentar ou diminuir sua energia, quando não entendeu bem o exercício, ou quando começou com o pé esquerdo e continuar por esse caminho seria como dar cabeçadas num muro tentando atravessá-lo.

É difícil fazer justiça à atuação de um palhaço através de palavras. Sem a experiência de vê-lo ao vivo a pessoa perde muitas coisas, especialmente a graça da sua presença; a comicidade de uma expressão, um gesto, um olhar, um certo tom de voz, etc. Contudo, espero que os exemplos sejam úteis.

Estratégias para brincar

Exercício 1: 'Qual é o jogo?'
Dois participantes. O primeiro clown entra, faz contato com o público e oferece algo pequeno (uma ação ou uma emoção, ou se interessa por algo). Entra o segundo pelo lado oposto, faz contato com o público e logo se dá conta de que há alguém mais em cena. Eles não se conhecem. Se algo surge naturalmente, têm que fluir com isso, mas até então simplesmente têm que sentir e estar atentos. No momento em que captam uma proposta de jogo própria ou do companheiro, a pauta é aceitá-la, e depois, encontrar maneiras de apoiá-la ou reforçá-la, de jogar com ela entre os dois.

Exemplo
Frank entra com entusiasmo, fica parado e observa tudo ao seu redor como se devorasse tudo de uma vez. Diz: "uau!", ao ver o palco; "uau", ao ver o biombo; "uau!", ao ver o público, e então fica olhando-nos com um sorriso de orelha a orelha.

O público ri, ele iniciou um jogo, mas não percebe isso.

Lucy, sua parceira nesta improvisação, entra olhando o público com ternura e depois para Frank. Ele não sabe como reagir.

Nós o encorajamos: Frank... "uau!"

Frank toma impulso e diz: "uau!", com entusiasmo. Correm um para o outro para se abraçarem.

Nós: Não, voltem para onde estavam, a quatro metros de distância. Se simplesmente se juntarem, vão perder todo o jogo; o jogo da atração mútua e como esta atração vai alterar seu comportamento. Vocês não se deram a oportunidade de explorar todas as ideias estúpidas que lhes poderiam ocorrer com o jogo da sedução mútua.

Voltam a tomar distância. Ele faz uma pose de fisiculturista e se vira para ela.

Nós: Não, primeiro mostre-nos que teve a ideia. Pensa... "talvez ser mais macho seria mais eficaz para seduzi-la". E não tenha pressa. Primeiro lhe mostre só um braço para ver como ela reage.

Frank segue as instruções e consegue risos. Ela mostra seu interesse. Frank não sabe como continuar.

Nós: Agora o outro braço, Frank. Entretenha-se passo a passo com seu jogo físico. E não se esqueçam de nos mostrar o que sentem a cada momento, permitam que a atração se vá intensificando.

O fazem, e o jogo funciona bem. O público está se divertindo tanto que quer mais, mas eles não o escutam e pensam que o jogo acabou. Outra vez correm para se abraçarem.

Nós: Não! Agora é a vez dela. O que pensa que seria atraente para ele, Lucy? Como é a sua tática de sedução?

Lucy mostra de uma maneira muito ridícula seus encantos de mulher, o que permite a Frank voltar a dizer "uau!", com entusiasmo. O público está feliz.

Nós: Isso! Agora leve adiante o "uau!", jogue com ele, converta-o num chamado para o acasalamento.

Frank faz isso e causa grande efeito. Funciona tão bem que Lucy decide responder-lhe à sua maneira. Passaram-se dez minutos e ainda podem extrair mais jogo da proposta inicial. Por exemplo, através de uma dança juntos, da tensão antes do primeiro beijo, do momento do beijo em si, da sua reação ao beijo, da tentativa de Frank de levá-la nos braços, da tentativa de Lucy de fazer o mesmo, do seu crescente desejo de estarem a sós, dos problemas que encontram tentando sair sem perder o contato físico, e do arremate final: o "uau!" que ouvimos de trás do biombo, mas desta vez, dos dois.

Dizer *sim*

Como pôde ver no exemplo anterior, reconhecer que o jogo começou é vital em cena. Se o público vê que você faz algo que lhe agrada, não vai querer que abandone ou mude de jogo logo. O que quer é ver como desenvolve sua proposta. Se não aprende a fazer isto, você se encontrará na estressante situação de ter que buscar um jogo após outro, provavelmente sem se divertir com nenhum.

Vejo como meus alunos lutam para entender como desenvolver os jogos em cena. Parece haver uma tendência generalizada a ir rápido demais, a não aproveitar, simplesmente porque não entendem como os detalhes podem chegar a ser divertidos. É precisamente nos detalhes onde está a comédia. E esta é a razão pela qual em todos os jogos, o conteúdo emocional, assim como o conteúdo físico, devem chegar a se desenvolver completamente, passo a passo.

Portanto, este é o primeiro aspecto que tentamos que nossos alunos assimilem: que os pequenos passos têm que ser dados junto com um "sim!" interior e incondicional. Este "sim!", tanto é uma aceitação do que você propôs, como uma decisão de se entregar cem por cento ao seu jogo. Se você se envolver completamente em seu jogo, será muito mais fácil desenvolver os detalhes. Fará isso quase sem esforço.

A implicação total requer estar aqui e agora cem por cento. Alguns alunos são capazes de estar plenamente presentes de uma forma natural, sem ajuda de nossa parte, mas em geral não é assim. Normalmente têm que aprender a escutar o "não" interior e trocá-lo para um "sim!".

Aqui você tem algumas regras de ouro:
- Diga "sim!" e vá aonde elas te levarem.
- Escute com atenção.
- Mantenha o interesse.
- Mantenha o contato visual.
- Tome suas próprias decisões (não pergunte a seu companheiro "O que você está fazendo?" ou "Por que você faz isto?").
- Não entre em pânico se o que experimentar não funcionar imediatamente.

No exemplo do exercício 2, os clowns estão aplicando todas estas regras. Note como fazem a diferença no desenvolvi-mento do jogo.

Exercício 2: 'Os náufragos'
Quatro ou cinco participantes. Explica-se que na noite anterior houve uma tremenda tempestade e o barco no qual viajavam afundou. Eles são os sobreviventes, náufragos arrastados até uma praia deserta numa ilha desconhecida. Estão estirados no chão, ainda inconscientes, quando

começa a improvisação. O primeiro a despertar é o capitão do barco. Ele tem que organizar a equipe e explorar a ilha para encontrar algo que lhes ajude a serem resgatados. Ambientamos a cena com sons próprios de uma praia tropical até que os clowns encontrem seu jogo.

Exemplo

A Capitã se mexe sonhando, tem pesadelos com a noite anterior. Seus gritos abafados e seus movimentos nervosos alteram o sono dos outros clowns. A Capitã se endireita de repente, gorgolejando como um afogado. Os outros acordam aturdidos. Lentamente se põem de pé, agrupando-se e olhando desolados ao seu redor. A Capitã também olha com desalento o panorama, mas ao ver o público se anima.

Capitã

Marinheiros! Cada um a uma tarefa. Você vigia a água, pode ser que haja crocodilos gigantes. Você vigia a selva, os javalis são altamente perigosos nesta zona. Você vigia o céu, provavelmente pterodáctilos famintos estão por perto.

(Os marinheiros tremem de medo enquanto formam um triângulo, costas com costas, cada um olhando numa direção diferente. Sua atitude é de paranoia. De repente, o que ficou olhando para o público –e a água– fica paralisado de terror. Com um fio de voz.)

Marinheiro 1

Capitã… Capitã…

(A capitã está ocupada, com a orelha colada no chão, em busca de possíveis perigos.)

Capitã, um...

(A Capitã finge não ter ouvido o marinheiro, mas avança em direção à água –e o perigo– seguindo umas pegadas. Compara-as com seus próprios pés e então tira a medida de uma. Mede vários palmos. É enorme!.)

Capitã, um crocodilo gigante!

(A Capitã vê o crocodilo e salta para frente sem medo para lutar com a criatura. Sua mímica demonstra que não é uma tarefa fácil.)

Capitã
Deem-me uma mão, marinheiros!
(Os marinheiros trocam olhares urgentes.)

Marinheiro 1
Vai você!

Marinheiro 2
Não, você!

Marinheiro 3
Eu? Por quê? Não é justo!

(Sua discussão continua durante um tempo, nenhum quer estar em perigo. De repente um muda de tática e, com muita educação, diz.)

Marinheiro 2
Não, por favor. Embora sua oferta seja muito gentil, lhe garanto que não me importa que você vá primeiro.

(Os outros dois seguem a nova proposta instantaneamente.)

Marinheiro 3
Não, não me perdoaria jamais ser o centro das atenções quando você pode fazer bem melhor.

Marinheiro 1
Sei, mas adoraria que fosse você o herói do dia, você merece.

(E continuam assim. Enquanto isso, a Capitã abriu escancaradamente a boca do crocodilo. As mandíbulas estão agarradas por suas mãos, mas o esforço ameaça ser demasiado para ela.)

Capitã
Ei!... que demônios estão fazendo? Todos de uma vez, me ajudem, é uma ordem!

(Os marinheiros se entreolham resignados. Um por um põem as mãos para trás, nas costas. Um diz: "Um, dois, três... pedra, papel, tesouras". Tiram suas mãos ao mesmo tempo, mas cada um tem um elemento diferente, então todos ganham e ficam felizes. Enquanto isso, a Capitã está perdendo a batalha.)

Não posso aguentar mais... aaaah!

(A Capitã faz como se o crocodilo a comesse. Os marinheiros se apressam em salvá-la, correndo de um lado para o outro, antes de se atirarem formando uma linha no chão. Um pega a Capitã pelos pés; o seguinte, por trás, pega os pés do primeiro marinheiro, e o último, no fundo, agarra os pés do segundo marinheiro, que além do mais grita.)

Marinheiro 3

Não se preocupe, Capitã, vai dar tudo certo, todos de uma vez, tal como a senhora disse.

(Mas em vez de puxar para trás, todos escorregam para frente, entrando um por um dentro do crocodilo.)

Capitá

Idiotas!

(Grita a Capitã uma vez que estão todos amontoados dentro do estômago do crocodilo.)

Marinheiros 1, 2 y 3

Otas...Otas...Otas.

(Repetem os três marinheiros como se tivesse um eco impressionante. Acomodam-se os quatro, sentados numa linha se encostando com os ombros.)

Marinheiro 2

Está muito escuro aqui.

MARINHEIRO 3
É mesmo, não vejo nada.

MARINHEIRO 1
Tenho uma ideia. Capitã, poderíamos cantar uma canção de ninar para fazer o crocodilo dormir, e quando ele abrir a boca para roncar, poderíamos escapar.

CAPITÃ
Vamos experimentar, marinheiro, não tenho nenhuma ideia melhor.

(Começam a se balançar suavemente ali onde estão sentados, inventando na hora uma canção de ninar. Cantam em turnos. Na quarta frase, um começa a bocejar e os outros se contagiam. Emaranhados mutuamente e com os olhos pesados de sono, um por um, adormecem e roncam felizes.)

Explicar os porquês

Já disse que os clowns atuam com lógica (embora esta não seja a comum), que sempre existe uma motivação ou justificativa para fazerem o que fazem. Atuar com lógica é de extrema importância, mas uma vez mais, não parece ser algo que surja naturalmente nas pessoas que se iniciam no clown. Meus alunos brigam tanto com os porquês de suas ações que me fizeram entender porque o mundo é um lugar tão insano. Por que você se adianta? Por que fez esse gesto? Por que esse olhar? Por que agora você se sente feliz se há um segundo estava triste?

O público vai levantar todas estas perguntas, e se não consegue entender os porquês, você vai perdê-lo; ele não será capaz de segui-lo. No palco, os porquês de tudo que você fizer tem que estar tão claros que ninguém necessitará fazer-lhe perguntas. Os "porquês" não são somente necessários, mas também úteis para criar humor. Logo você vai perceber o valor que possuem. Para que entenda, não se trata de encontrar os porquês do que você faz, mas de que aquilo que você faça venha motivado por algo que o justifique, e portanto, as coisas surjam com o seu "por que" incorporado. Embora conseguir isto, sem nem sequer pensar, requer tempo. O primeiro passo é tomar consciência dos momentos em que não atuou com lógica. Perdeu o público, poderia ser porque não entendeu algum por quê?

Muitas vezes, a *forma* que você fez lhe dará a resposta. Você avançou a passos largos, fez isso despreocupadamente, ou pé ante pé? Pavoneou-se ou teve vergonha? Estava incômodo no lugar onde se encontrava, ou algo que viu lhe atraiu? Qual era sua motivação para se mover? Se não sabe qual foi a motivação para fazer algo, tem uma segunda oportunidade; explicar por que o fez ou usar "o como" fez para dar o passo seguinte.

Na realidade, o que estou dizendo é simplesmente que se você se conscientiza dos "porquês" através dos "comos", a próxima ação ou reação chegará sem esforço e será consequente com o que acaba de fazer; a improvisação avançará com facilidade e será compreensível! Seus companheiros também se sentirão relaxados, já que não lhes pedirá que interpretem suas ações por você. Você pode chegar a ser tão hábil em explicar os porquês que inclusive poderá ser você quem vai ajudá-los a superar um momento ilógico, ao lhes oferecer imediatamente "um porquê" para seu comportamento estranho. No exercício 3 se coloca em evidência esta habilidade, que lhe mostrará o útil e divertido que pode chegar a ser.

Exercício 3: 'Vender um objeto"
Este exercício é uma mistura de exercícios similares, onde os clowns explicam suas invenções extraordinárias ou vendem objetos ordinários com explicações extraordinárias.
Três participantes. Um é o chefe, e os outros dois seus ajudantes, que vêm apresentar, diante de um grupo seleto de compradores, uma série de objetos. Antes de tentar vendê-los, têm que explicar a grande utilidade de seus inventos. Os ajudantes criam problemas para o seu chefe.

Exemplo

(Víctor, Marta e Cintia entram juntos, aparentam serem amigos hippies que acabam de fumar maconha. Víctor, o que está no meio, toma a iniciativa.)

Víctor
Viemos para vender armas. Armamentos de última geração, de alta tecnologia, para a guerra moderna.

(Marta, sexy, forma uma pistola com seus dedos e imita o som de um disparo.)

Marta
Bang, bang.

(Víctor a olha desconcertado, mas, ao volver ao público, recupera sua compostura com um risinho falso.)

Víctor
Ha, ha. Marta, minha preciosa ajudante está esquentando os motores dos senhores. Obrigada Marta, os

vejo agora já com vontade de começar. Porque não vai buscar a primeira arma?

(Marta está fazendo poses tipo Lara Croft e não reage. Não está escutando ou jogando com os demais, está imersa em seu próprio jogo. Compete a Víctor resolver a situação.

Víctor se vira para Cíntia, que sorri estupidamente para o público. Ela está com uma mão meio escondida no seu casaco. Víctor, num delírio da imaginação, acha que ela está pegando ou ocultando uma pistola, e faz uma pose tipo James Bond esperando um assassino. Cíntia não dá sinais de o ter visto.

Ela tampouco está atenta às suas propostas. Agora Víctor tem um problema de verdade, está completamente em suas mãos explicar os porquês do comportamento de suas duas companheiras.

Cintia tira de seu casaco uma tiara com orelhas de coelho e muito feliz a mostra ao público.

Víctor, obviamente não esperava isso, mas incorpora esta ação estranha instantaneamente.)

Uau, que rapidez incrível! Nem te vi sair para pegá-la. Fazemos uma maravilhosa equipe, venha, toque aqui.

(Víctor levanta seus dois braços e tenta dar um toque de mãos com as de Cíntia, mas ela está distraída com algo no público. E Marta ainda está perdida em sua própria

história. Segue desenvolvendo sua mímica de uma heroína, tirando diferentes armas de diferentes partes de sua anatomia.

Víctor fica com cara de bobo, com as mãos para cima, mas uma vez mais encontra a maneira lógica de resolver.

Olha suas duas companheiras e junta as palmas das mãos numa oração. Depois de um breve pedido de força e paciência, dá um toque de mãos com Deus. Neste momento, Cíntia redireciona sua atenção para ele e imita sua última ação.

Víctor reage sem perder a compostura, aceitando a ação dela e lhe dando lógica.

Dá um toque de mãos nela e pega a tiara de suas mãos. Vira-se para o público com seu risinho, que desta vez soa ainda mais falso.)

Que sincronia! Que precisão! Como a arma que tenho aqui. Sincronizada na Suíça, e aperfeiçoada em segredo pelas nossas agentes secretas da Playboy.

(Explicou o porquê das orelhas. Põe a tiara na cabeça. Imediatamente, Cíntia fica fascinada com o movimento das orelhas. Chega perto e segue atentamente os movimentos de sua cabeça, imitando-os. Marta esgotou as ideias que sua imaginação lhe proporcionava, volta a olhar para seus companheiros. Instintivamente, também se aproxima de Víctor, pelo outro lado, e atenta às orelhas, segue seu movimento.

O palhaço que existe em você

Víctor, que estava apresentando as incríveis utilidades da arma em sua cabeça, volta-se consciente da proximidade de suas companheiras e de seus movimentos paralelos ao seu. Não corta o momento, mas oferece uma explicação lógica para ele.)

Isto é nova e pura tecnologia. É uma antena que se apodera do movimento do inimigo e emite um sinal que o atrai para o senhor.

(Víctor está consciente de que quanto mais mexe a cabeça, mais o público ri. Mexe então sua cabeça de um lado a outro, e depois dobra as pernas para adicionar um movimento vertical ao horizontal. Suas companheiras lhe seguem como numa espécie de transe, se aproximam pouco a pouco, uma de cada lado, até ficarem a poucos centímetros das orelhas. Víctor começa a desacelerar suas palavras e movimentos. O jogo dos três em câmera lenta é hilariante. Uma vez que o riso seguiu seu curso, Víctor —ainda em câmera lenta— olha com desconfiança para suas companheiras. Uma vez mais, virado para o público, ri sem graça antes de estalar os dedos na cara de cada uma delas.

Depois de haver terminado o jogo de "seguir o líder", Víctor volta à lógica estrutural da improvisação —é o chefe e estão vendendo armas—.)

Ei, não deixem que a antena lave o cérebro de vocês. Saiam do alcance de suas ondas tóxicas rapidamente! Por que não trazem a segunda arma enquanto apago esta?

(Víctor faz uma pausa para ver se vão oferecer algo mais. Não o fazem. Uma vez mais salva a situação propondo a próxima série de ações lógicas.

Víctor tira a tiara de sua cabeça e a meneia de um lado ao outro na frente de suas caras abobadas.)

Equipe, vamos, ânimo! Vão buscar a segunda arma, temos clientes!

(Cíntia e Marta finalmente o escutam e se animam, embora sigam com o olhar fixo nas orelhas. De repente, Víctor joga a tiara para trás com força e desaparece atrás da cortina. Cíntia e Marta correm atrás dela como dois cachorros atrás de uma bola.)

O público explode em gargalhadas. O talento de Víctor em dar sentido a um monte de maluquices é um presente para todos.

Como desenvolver uma proposta de jogo

Já vimos que é indispensável desenvolver os jogos que surgem e extrair tudo o que podem dar de si. Sei que é fácil falar, e nem sempre é tão óbvio na prática. Sem dúvida, a experiência é um fator importante, mas como principiante há três coisas fundamentais que podem ajudar seu clown a desenvolver jogos, e que eles sejam fluídos e engraçados.

1. Encontrar o pretexto

Você tem que tentar descobrir ou definir o mais rápido possível as seguintes perguntas: Qual é o seu pretexto para estar em cena?

Por que está aí? O que nos quer mostrar? Qual é seu objetivo? Você veio para levar a cabo um trabalho, mostrar-nos algo ou movido por uma obsessão?

Um pretexto lhe oferece uma direção definida para onde se encaminhar. Vai lhe inspirar uma série de ações lógicas que o levarão à concretização de seu objetivo, ou lhe proporcionará os parâmetros do jogo, enquanto você evita descaradamente o que se supõe que veio fazer. Uma vez mais, o pretexto deveria ser algo simples, mas não por isso seu clown achará fácil de executar!

Às vezes o exercício que tem de improvisar lhe dará um pretexto predeterminado, e outras vezes, o exercício será mais aberto. Considere estes últimos como uma oportunidade para encontrar suas razões para estar em cena. Numa improvisação, definir o quanto antes o pretexto não só lhe ajudará a se relaxar e se orientar, como também, em muitas ocasiões, pode proporcionar-lhe um final redondo (exatamente depois de haver cumprido o tal pretexto).

Lembre-se: os clowns encontram infinitas razões para estar em cena, porque adoram ser o centro das atenções. Essas razões surgem ou lhes assaltam de surpresa revestidas de uma importância que na maioria dos casos é risível. Exatamente igual às crianças quando não querem ir para a cama, as razões de um clown para estar em cena não são razões de vida ou morte, são apenas desculpas para ficarem um pouco mais diante do olhar de seu público.

Exercício 4: 'O 1, 2, 3 do palhaço'
A primeira vez que vimos este exercício foi numa mostra de um curso de clown de Joseph Collard, da Cia. Les Founamboules. Nós o usamos para mostrar uma ampla gama de preceitos: especialmente, como aceitar e desenvolver propostas de jogos, aproveitar os erros e definir o pretexto.

Dois participantes. Coloca-se uma cadeira em cena perto do público. Os dois clowns, situados no fundo do palco, estão separados por uma distância de uns dois metros e de costas para o público, com os olhos fechados. Por turnos, ainda virados para a parede, devem anunciar em voz alta o que vão fazer ou dizer, contar "1, 2, 3" (também em voz alta), e depois, executar as ações ou frases anunciadas. Durante o turno de seu companheiro, devem ficar quietos, mas sem converter-se em estátuas.

Recomendamos que anunciem um máximo de três ações em cada turno para começar, a menos que se sintam capazes de recordar tudo o que anunciam. Também lhes recordamos a importância do conteúdo emocional, e que deveriam comunicá-lo ao mesmo tempo que suas ações. Por exemplo: "Vou abrir meus olhos, virar-me para o público, e quando vir o público que tenho, vou suspirar com resignação".

Se durante o exercício se esquecem de contar "1, 2, 3" em voz alta, fazem algo que não anunciaram, não fazem algo que anunciaram ou se enganam na ordem de suas ações, devem voltar a começar e se colocar de novo de frente para a parede. O professor intervém se erram e não reconhecem ou não se voltam para a parede (o que costuma acontecer).

O objetivo é ser o primeiro a chegar na cadeira e se sentar. Quem consegue "ganha" e a improvisação termina. Os clowns não podem ir e se sentar diretamente. Primeiro têm que entrar em contato com o público, criar uma relação com seu companheiro, começar um jogo juntos (usando a cadeira, ou não, como ponto de partida) e, finalmente, encontrar maneiras lógicas de se movimentar até a cadeira e se sentar nela.

Neste exercício, apenas o fato de se virar para o público pode ser o princípio de um jogo. Alguns clowns se perderam no labirinto do "vou girar sobre mim mesmo", "vou rodopiar", "vou fazer um giro para a direita", "vou fazer meio giro", "vou dar uma volta", etc, sem nem sequer dar um passo para a cadeira durante todo o exercício!

Exemplo
Pedro anuncia que abrirá seus olhos e se virará para o público. Conta 1, 2, 3 e faz. Glória faz o mesmo. Pedro anuncia que levantará seus braços. Conta 1, 2, 3 e levanta. Gloria quer dar três passos para diante, mas esquece de contar 1, 2, 3, e tem que voltar à parede.

Pedro não sabe o que fazer.

Nós: Você está com os braços para cima, agora tem que fazer algo com isso.

Pedro: Vou até minha companheira.

Nós: Não! Primeiro faça algo ou diga algo que nos ajude a entender porque você levantou os braços. Ir até Gloria não esclarece nada.

Pedro: Levantei meus braços de modo que Gloria possa me fazer cócegas.

Nós: Não entendemos isso. Você levantou os braços de uma maneira automática, nem sequer olhou para Gloria.

Pedro: Como percebi de relance que tinha uma pessoa à minha esquerda e pensei que ia me assaltar, levantei os braços num gesto automático de rendição. Agora vou tremer um pouco e pedir clemência.

Quando fala, o público ri pela primeira vez, e quando realiza a ação, ri outra vez.

Nós: Sim! Direto, lógico e divertido, muito bom.

(Agora o jogo tem uma direção concreta, os dois conhecem qual é o pretexto para estar em cena. Gloria se vira e assalta Pedro. Tira sua carteira e a enfia em seu bolso.)

Nós: Não tem nada de interessante na carteira? Mostre-nos o que encontrou.

(Gloria volta a tirar a carteira, abre-a e pega uma nota. Parece contente.)

Pedro: Agora que você tem o que quer, espero que vá embora rápido.

Nós: E o jogo? Não pode tirar mais caldo antes de dar por acabado?

Pedro: Obviamente esta assaltante é uma boba perdida. Como não descobrirá meu bolso secreto, posso respirar com alívio.
(Outra vez o público ri. Pedro, voltando ao jogo, despertou o interesse de novo.)

Gloria: Agora que descobri que ser má tem vantagens, vou até o público para assaltá-los.

(Gloria, embora tenha conseguido um riso, acaba de passar por cima do que Pedro disse e matou o jogo entre eles.)

Nós: escutou o que Pedro disse? Viu que mostrava claros sinais de alívio. Não a faz suspeitar de que há algo estranho? Sua vítima não deveria estar tão relaxada.

(Gloria volta e olha Pedro de cima a baixo.)

Gloria: Como sou uma assaltante profissional, fiz cursos de linguagem corporal e desconfio de tudo. Suspeito que minha vítima pode estar escondendo algo muito valioso em alguma parte de seu corpo.

(Com certeza, recebe boas risadas pela sua esperteza. Recuperou o jogo e seu pretexto mútuo. O público agradece. Mantendo sua razão de estar em cena, a de jogar com um assalto, sua improvisação segue um bom caminho. Gloria e Pedro entenderam como desenvolver seu próprio jogo. Conseguem prolongar a proposta inicial ao dar uma virada inesperada. Tornam-se cúmplices e assaltam o público juntos, recolhem peças de roupas e as enfiam debaixo de sua própria roupa. Chegam à cadeira como "homens Michelin", com volumes enormes por todas as partes, incluindo suas meias. Quando, enfim, se sentam na cadeira, o fazem juntos, para repassar todo o saque. Seu público os aplaude com gosto, nenhum "ganhou", mas os dois estão felizes.)

2. Fluir
Improvisar significa não ter nada preparado, criar à medida que for avançando, incorporar o inesperado, utilizar o que for surgindo ou

o que tem à mão. Quase é redundante dizer que você deve se permitir fluir. "Mas é claro!", pensará: "Que outra coisa poderia fazer numa improvisação?". Mas se surpreenderia pelo pouco que você demoraria a comprovar que está equivocado, que fluir não é tão simples (a mente humana não é muito flexível se não a treinamos bem). Quase como um reflexo, sua mente tentará fixar um rumo para você, como se fosse um caso de vida ou morte, vai persuadi-lo a se apegar às suas próprias e "magníficas" ideias, enquanto rejeita todos os sinais do iminente desastre (o que está fazendo não é divertido e não há risos no público). Na realidade, o que sua mente está fazendo é protegê-lo da dor de fracassar, de ter problemas, de errar... mais precisamente, isso é o que necessita seu clown para poder jogar com êxito. Em consequência, no palco, o resultado dos sistemas de defesa da sua mente costuma ser desastroso.

Por exemplo, você pode se surpreender fazendo um gesto claramente sexual, e antes que se dê conta, a moralidade da sua mente haverá decidido que você foi longe demais, lhe ordenará que se reprima fisicamente e lhe fará ver que esse gesto provocador nunca existiu. Ou pode ser que você veja que sua parceira ignora os parâmetros que você estabeleceu, que não entende para onde você está indo ou que simplesmente não segue o seu jogo; então, de repente, você começa a se sentir incomodado e desconcertado, sem saber como reagir ou atuar.

Ou talvez esteja convencido de que o público entende perfeitamente o que você está fazendo (mesmo que não seja assim), e você segue o curso de sua ação até que o professor finalmente o detenha e pergunte: "Acha que o que faz está funcionando?". Todas as possibilidades mencionadas são indícios de que ainda não se está permitindo fluir, de que não aceita a mudança. Você tem que se convencer de que, aconteça o que acontecer, você encontrará a maneira perfeita de resolver. O fato de não ter nada preparado, sem dúvida, dará lugar a acidentes e problemas, mas o público vai adorar se você não bloquear o curso dos acontecimentos. O exemplo que dou a seguir mostra como algumas improvisações começam a se parecer a números ensaiados se os clowns são hábeis em fluir.

Exercício 5: 'O super- herói'
Dois participantes. O professor coloca um objeto no palco sem que os clowns o vejam. O objeto pode ser algo grotesco (um osso ou uma mão falsos) ou algo que inspire medo (uma aranha ou uma serpente). O primeiro clown entra, conecta com o público e então vê o objeto. O objeto lhe inspira seu pior pesadelo (há um assassino solto ou uma invasão de tarântulas). Pede socorro.

O segundo clown é um super-herói (usa roupas que denotam seu ofício). Entra quando ouve o grito de socorro, mas em vez de resolver o problema, o piora. A improvisação pode inclusive terminar com o primeiro clown salvando o super-herói.

Exemplo
Deixamos uma grande mosca de borracha no palco. Ana entra contente, mas ao ver a mosca, começa a tremer descontroladamente. Começa a fazer um zumbido de mosca e entra em paranoia; bate no ar com seus braços como se uma mosca voasse ao seu redor. Perde o equilíbrio e cai no chão, ao lado da mosca que pusemos no chão. Pega-a e, fingindo que voa sozinha, faz com que aterrisse sobre seu braço. Paralisada de horror, chama alguém para que a ajudem. Não acontece nada. Chama mais forte.

ANA
Necessito ser salva *agora mesmo.*

(A Super Heroína, com resignação, dá um passo em cena e para. Olha ao seu redor sem entusiasmo, vê Ana e suspira profundamente.)

SUPER-HEROÍNA
Esse é seu *grande* problema? Chamou-me para salvá-la de uma *mosca*?

(Dá meia volta e volta a desaparecer por trás do biombo.)

ANA
Não, por favor, me ajude. Estou em *perigo*. Socorro!

(A Super Heroína entra sem vontade. Olha Ana e sacode a cabeça sem poder acreditar no que está vendo. Olha para o público para compartilhar com ele seu desdém.)

SUPER-HEROÍNA
Ultimamente sempre se repetem as mesmas histórias... gente inventando probleminhas sem importância e depois esperando que os acuda voando para salvá-los. É patético.

(Ana não pode acreditar no que está ouvindo, sem cerimônia, joga a mosca no chão e dá passos largos até a Super-heroína.)

Ana
Mas é seu trabalho, me salve!

(Está totalmente atônita. Olha o público, depois olha a mosca. Dá-se conta de que já não tem um problema,

então apressadamente se volta para a mosca, a recolhe do chão e simula que a ataca na jugular. A super-heroína fica mais deprimida. Caminha para o público.)

Superheroína
A verdade é que sempre foi assim, desde pequena. Imaginem como me sentia. Péssima! Não tive uma infância feliz. Mas isso é uma longa história.

(Faz uma longa pausa observando o público.)

Querem ouvi-la?

Ana
Não! Querem te ver em ação, querem que me salve!

(Enfia a mosca por baixo de sua camiseta e começa a gemer de dor. A Super-heroína a ignora.)

Superheroína
Quando eu era menina...

(Ana cai no chão, onde se retorce com agonia. A Super-heroína fixa seu olhar nela e bufa impaciente.)

Você me interrompeu. Agora vou ter que começar desde o princípio.

(Mas em vez de somente recomeçar sua história, se dirige ao biombo e desaparece, entra imediatamente e repete todas as suas ações, comentários e gestos desde o princípio do número, até chegar de novo no lugar onde foi interrompida.)

Quando eu era uma menina...

(Ana ficou olhando a Super-heroína com incredulidade. Sua raiva começa a aumentar. Tira a mosca da camiseta e descarrega sua irritação nela. Transforma-se numa ninja e lhe aplica golpes de karatê. A mosca cai no chão, de patas pra cima. Ela espera que a mosca se mexa, mas como não reage, relaxa vitoriosa. Começa a cantar o tema do filme Superman. A Super-heroína suspira.)

Me interrompeu de novo..
(Sai de cena como antes, mas quando volta a entrar, sua capa se engancha em algo e a sufoca.)

Me ajudem!

(Exagera mais seu problema; o leva ao limite. De repente, o rosto de Ana se ilumina.)

Ana

Você precisa de ajuda?

Superheroína

Preciso!

(Ana salta à ação, "voando" por todo o palco como uma super-heroína. Cantarola o tema com força, enquanto dá três voltinhas pouco convincentes, tentando que tudo pareça mais autêntico. Finalmente, presta auxílio à Super-heroína. Luta com o biombo e libera a Super-heroína. Levanta-a nos braços e recorre um semicírculo antes de "voar" para a saída.)

3. Construir sobre o que acontecer

Se deixar que tudo flua em você, com certeza ocorrerão coisas. Começará um jogo, as pessoas rirão, seu corpo (que não costuma ser tão protetor como sua mente) começará a se soltar; é o início, a partir daí você começa a construir. Até onde quer chegar com cada jogo dependerá de você. Seu palhaço se sentirá feliz quando alcançar a fronteira, atravessá-la e seguir explorando. Seu público se sentirá feliz quando você cumprir as promessas que fez e lhe der inclusive mais do que esperava.

Seu objetivo deveria ser manter o jogo vivo, fazer com que avance acrescentando novos elementos ou reutilizando elementos já usados que o público gostou, com matizes diferentes se for necessário. Mantenha a ação em cena, siga a lógica de seu clown (que não é a mesma que a sua), seja imaginativo e incorpore ou reconheça tudo o que ocorre (incorpore o que funciona, reconheça o que não).

Geralmente, é preferível não mostrar a crua realidade; o público não quer vê-lo praticando sexo no palco (mesmo que um gesto um pouco provocador costuma incitar o riso), nem cutucando o nariz (embora assoar pode ser muito divertido), nem tampouco soltando um pum (mesmo que o ver soltando possa provocar gargalhadas em algumas pessoas). Além disso, você pode levar o jogo até onde quiser, não existem limites, depende completamente de você.

Utilizamos o seguinte exercício em múltiplas ocasiões, pois permite aos alunos praticar tudo relativo à proposta/desenvolvimento do jogo. O exercício é adequado para todo tipo de aluno, independentemente do nível que tenha, embora os principiantes necessitem certamente de um pouco de ajuda para não bloquearem suas próprias propostas e superarem o ponto morto criativo.

Exercício 6: 'Não sei onde estou'
Dois participantes. Duas cadeiras se encontram no meio do palco. Entra o primeiro clown, completamente desconcertado e sem saber por que está ali, nem onde está, nem o que deve fazer. Fazendo uma comparação: é como se acabasse de se levantar da cama e, em vez de entrar na cozinha de sua casa, tivesse entrado num palco sem saber como chegou ali. Por isso, o primeiro clown tem que estar muito presente, entrar em contato com o público, fazer uma proposta e escutar sua reação. O professor, então, pede que entre o segundo clown. Com este acontece o mesmo que com o primeiro, não tem nem ideia de onde está, nem do que deve fazer ou porque está ali. A diferença é que há outra pessoa em cena. Ambos têm que encontrar um jogo e jogá-lo juntos. Se encontrarem uma boa maneira de por fim no jogo, devem utilizá-la para abandonar o palco e terminar sua improvisação num ponto culminante.

Exemplo
Paul entra tiritando de frio e olha lentamente ao seu redor. Vê um aquecedor numa parede do palco e vai parar diante dele.

Como é inverno, alguns entre o público sorriem. Encontrou um jogo, agora tem que desenvolvê-lo.

Paul abraça o aquecedor com carinho, depois tenta sentar-se em cima, mas é estreito demais. Esfrega seu corpo nele como um gato.

O público ri abertamente. Seu jogo individual está funcionando.

Sonia entra e olha com curiosidade ao seu redor. Vê seu companheiro ao lado do aquecedor e sente ciúmes. Abre seus braços num convite amoroso para Paul, lhe oferecendo seu calor humano.

Sonia: Está com frio? Precisa de um abraço para se esquentar?

Ela aceitou o jogo e o fez avançar. O público gosta.

Paul pensa um instante, mas resiste em deixar seu lugar quentinho; além do mais, não confia completamente nessa mulher que acaba de entrar. Um dilema se apodera dele, não é capaz de eleger entre o tentador abraço de Sônia e o calor do aquecedor.

Finalmente, sua natureza desconfiada triunfa e nega com a cabeça; fica onde está.

Não bloqueou a proposta de Sonia, meramente incluiu um novo elemento que funcionou. O público gostou da sua exibição de dúvidas e a exagerada luta interna que se desencadeou nele.

Sonia, ao constatar seu dilema e escutar os risos, tenta seduzi-lo com sua voz.

Sonia: Dou super-abraços. Sou a abraçadora número um do país.

Sonia abraça a si mesma para mostrar com uma pessoa se sente ótima em seus braços.

Elevou a aposta e o público ri aprovando-a, o que significa que ambos vão na direção correta.

Paul fica em dúvida de novo, a oferta de Sonia lhe atrai muito. Fica claro que com um pouco mais de persuasão vai escolher o abraço. Sonia capta a mensagem.

Sonia: Sou a campeã mundial de abraços 2007 e 2008. Dois anos seguidos!

Sonia se incha de orgulho e lhe mostra a etiqueta interna de sua camiseta como prova de suas palavras.

Sonia consegue uma gargalhada geral pela sua gag da etiqueta.

A prova impressiona Paul. Abandona o aquecedor com seus braços abertos, mas Sonia se esquiva com agilidade no último momento e corre diretamente para o aquecedor. Abraça-o alegremente soltando um gemido de prazer.

Paul aceitou o inevitável e permitiu que Sonia tome o poder. O público ri, agradecido.

Paul está destruído e cambaleia pelo palco. Finalmente, arrasado pelo que sente, deixa-se cair numa cadeira.

Explora o jogo e se aproveita disso. O público está realmente adorando.

Pouco a pouco, encaixa seu corpo na cadeira, surpreendido pela sua comodidade. Repousa seus pés em cima da segunda cadeira, agora totalmente contente. Lança um olhar a Sonia e um gemido de prazer, numa óbvia burla ao que ela emitiu anteriormente.

O jogo de "eu tenho o melhor lugar" continua, e como funciona, não há necessidade de mudá-lo.

Sonia está desconcertada. Primeiro tenta ignorar Paul, mas sua curiosidade é tanta, que não consegue. Paul exagera suas expressões físicas e vocais de prazer diante do conforto das cadeiras.

Trocaram os papéis, Paul confiante e Sonia duvidosa. Funciona, o público está rindo.

Sonia, consumida pelo desejo de roubar o lugar de Paul, abandona o aquecedor e se aproxima. Com uma voz aveludada lhe oferece uma massagem nos pés. Paul a olha, prisioneiro de novo de seu encanto feminino, mas se esforça para ficar quieto. Sonia lhe acaricia um pé.

Ela está reutilizando a sedução, mas com um novo matiz. Há risos. Agora têm a estrutura do jogo e alguns ingredientes cômicos para brincar (o intercâmbio de papéis, a sedução/traição, a dúvida/a dor/o prazer).

Sonia: Campeã mundial de massagem de pés 2007, 2008 e 2009.

Mostra-lhe a mesma etiqueta de sua camiseta. Paul aceita cair em sua armadilha de novo, levanta seus pés da cadeira para oferecê-los à Sonia. Ela os empurra liberando uma das cadeiras e se senta rapidamente nela, encantada consigo mesma.

Sonia: Ha, ha, ha! Acreditou de novo em mim. Que idiota!

O público gostou desta segunda transferência de poder, mas os clowns precisam encontrar uma maneira de acabar a improvisação. Podem fazer uma terceira troca, mas se tentam mais de três vezes correm o perigo do seu jogo se converter em algo previsível e monótono.

Paul está extremamente ofendido e se levanta engasgado. Sonia se apropria das duas cadeiras, acomodando-se com satisfação.

Paul passeia furioso pelo palco, resmungando. De repente, para bruscamente com o olhar concentrado em algo que vê atrás do biombo. Seja lá o que vê, se espanta. Sai de cena e, depois de uma longa pausa, ouvimos seus fortíssimos gemidos de prazer.

Paul encontrou uma maneira perfeita para finalizar o jogo. Sua proposta é forte, mas está nas mãos de Sonia conseguir o último riso.

Sonia não pode ver o que o que provoca tanto prazer em Paul, mas morre de inveja. De um impulso se levanta das cadeiras para saciar sua curiosidade. O que vê a faz parar abruptamente, mas imediatamente volta à sedução.

Sonia: Também sou campeã mundial de reiki 2007 e 2008.

Pela última vez, mostra sua etiqueta antes de sair com suas mãos vibrando de energia universal.

Sonia termina o jogo voltando a usar os ingredientes que funcionaram para ela, e consegue a gargalhada final que buscava.

10
Jogando juntos

Improvisar com outros clowns é muito diferente de fazê-lo sozinho, mas não tem por que ser mais difícil. Na realidade, muitos alunos acham mais fácil, exatamente porque têm alguém com quem jogar ou em quem se apoiar quando uma proposta não funciona. Todas as sugestões que acabo de fazer no capítulo 9 são válidas para jogar com outros clowns, mas há outras pautas das quais falo neste capítulo que lhe serão úteis.

Antes de abordar a técnica, entretanto, há algo essencial que você tem que entender: quando há vários clowns em cena, todos navegam no mesmo barco, o que significa que a responsabilidade de que a improvisação funcione é compartilhada, são membros de uma mesma equipe, não adversários. As ideias para conseguir sucesso pessoal, ganhar ou ofuscar o outro são simplesmente fruto de uma sociedade altamente competitiva. Jogue-as fora o quanto antes. Cooperar no palco provocará melhores resultados.

"Um momento, um momento…", você pensará, "os palhaços podem ser muito competitivos, cruéis e pouco solidários. Adoram ganhar e às vezes podem chegar a ser inimigos mortais". Sim, é verdade. Pode parecer que joguem em lados opostos; brigam, disputam, inclusive batem uns nos outros, mas se trata apenas de aparências. A verdade é que estão trabalhando juntos, combinando seus recursos, apoiando as decisões do outro e elaborando uma estratégia comum para conseguir um objetivo: fazer o público rir.

Passar o foco

"O foco" é simplesmente o lugar para o qual você quer que o público dirija seu olhar. Se você imaginar um foco iluminando a ação, naturalmente vai querer que às vezes enfoque você. O mesmo ocorre com seus companheiros. Passar o foco significa dar aos demais a oportunidade de participar, e isto é fundamental quando há mais de um clown em cena.

Do mesmo modo, se você criar mais de um centro de atenção que se prolongue demais, o público ficará aflito, pois sentirá que enquanto olha uma ação, está perdendo outra, ou receberá uma dose excessiva de estímulos. Os alunos inexperientes costumam cair nessa situação, ou criam demasiados movimentos, sons ou textos, o que desemboca em caos cênico; mas tem fácil solução. Descobri que se simplesmente lhes explico que as boas improvisações clownescas são muito parecidas às boas conversações, costumam entender que é tão necessário ser um ouvinte ativo como um comunicador hábil.

Nas improvisações você pode:
- Ter o foco.
- Compartilhar o foco.
- Dar ou tomar o foco.

Se você tem o foco ou está compartilhando-o, está fazendo ou dizendo algo onde quer que o público ponha sua atenção. O dar ou tomar o foco é o momento em que este passa de um clown ao outro. Pode ser tão simples como olhar seu companheiro mantendo sua atitude, mas diminuindo seu movimento ou participação na ação, embora existam outras formas de fazê-lo.

Você deve ter em conta que quando passou o foco a outro companheiro continua visível diante do olhar do público; portanto, tem que seguir vivo e manter um interesse ativo na "conversação", para que quando o foco volte para você, saiba exatamente o que tem que fazer. Isto também lhe ajudará a saber quando tem que tomá-lo (quando ver que seu companheiro se encontra em dificuldades ou espera uma réplica) ou quando tem que compartilhar o foco fazendo algo que apoie sua proposta.

Quando ceder o foco, deverá continuar absorvendo o que ocorre em cena, para poder reagir adequadamente quando o foco regressar a você. Expressar o que você sente ou o que pensa depois de uma pausa é uma forma magnífica de surpreender o público ou de conseguir uma gargalhada. Sabendo disso, você compreenderá que esperar seu turno pode ser tão prazeroso quanto tê-lo.

Compartilhar o foco funcionará, durante um breve período, enquanto todos tenham claros motivos para fazê-lo (por exemplo, por que competem, discutem, se apaixonam, lhes acomete um ataque de riso incontrolável, etc.). Outra forma de compartilhar o foco é possível através da proximidade física. Se estão representando ritmos parecidos, tanto emocionais como físicos, o público os verá como uma só entidade. Alguns professores de clown o chamam trabalho de gêmeos ou de família. Como os gêmeos, trabalham com ações e ritmos sincronizados, unidos tanto emocional como fisicamente. Atuar assim pode ser extremamente gratificante se a química entre os clowns é intensa, e sob o ponto de vista do público é um autêntico prazer presenciar isso.

Exemplo de la dinámica de o foco
Dois clowns. Um começa um discurso apresentando a si mesmo e o espetáculo que farão.

Tem o foco, o público o observa.

Pelas suas costas, seu parceiro zomba do que ele diz.

Toma o foco. O público ri da zombaria.

O riso atrapalha o que está falando, mas ele tenta manter seu discurso, embora agora seja repetitivo e sem graça.

Está dando o foco ao outro, reduzindo sua energia e sua projeção vocal.

Seu companheiro se entusiasma cada vez mais e exagera na zombaria. O riso aumenta.

Mantém o foco nele.

O clown que falava mostra sua vulnerabilidade; estão rindo do que ele diz, tem algo na sua aparência fora do lugar ou simplesmente estão rindo dele? Seu discurso começa a falhar e perde força.

Agora compartilham o foco, porque mesmo que seu companheiro siga desfrutando, o momento mais explosivo já passou e o público está perdendo o interesse. Por essa razão, o que está zombando vai diminuindo sua energia, e então, o foco passa de novo para o primeiro clown.

O primeiro clown se virou e descobriu a causa dos risos. Olha fixamente seu companheiro com rancor, assumindo de novo uma postura de autoridade.

Passa o foco a seu companheiro para que possa reagir a essa súbita mudança.

Seu companheiro reage com sintomas de medo. Fica completamente imóvel.

Devolve o foco rapidamente.

Ambos reagem em pequenas doses de crescente emoção.

O foco muda cada vez mais rapidamente entre eles.

A situação chega ao seu clímax quando o primeiro clown tenta dar uma bofetada em seu companheiro. O segundo clown se esquiva e sai correndo com o primeiro clown logo atrás.

De novo compartilham o foco.

Estabelecer uma relação

No encontro entre duas pessoas sempre surge uma relação, óbvia ou sutil, fixa ou variável, profunda ou superficial, mas sempre aparece. Se, por exemplo, observamos pessoas numa festa, podemos ver com clareza não só o grau de intimidade que têm, como também a química que existe entre elas (seus níveis de conexão ou atração mútua), sua disposição mental (sua abertura, interesse, reserva, enfado, hostilidade, etc.) e os estados emocionais que a presença do outro lhes provoca.

    Decidir a relação entre os clowns numa improvisação é, portanto, algo muito natural e proporciona tal riqueza cômica que não fazê-lo seria completamente contraproducente. Além do mais, definir os papéis ou os níveis de intimidade facilitará o trabalho em equipe, e por outro lado, se ficar evidente o que cada um sente pelos demais, todos poderão jogar com mais soltura. As relações humanas sempre passam por fases de dificuldades conflito, mal-entendidos, enfrentamentos, incompatibilidades, etc.; enfim, são problemáticas. E como já vimos, qualquer problema é um presente para os clowns, pois dele podem extrair muita comédia.

> "A tragédia é uma comédia, especialmente quando acontece com outras pessoas."
> *Lila Monti, clown, Argentina*

Saber qual é a relação entre os clowns na hora de improvisar requer tomar algumas decisões, que podem ser:

- Decididas atrás dos bastidores (entrar de mãos dadas ou por lados opostos do palco).
- Tomadas no início da improvisação, seguindo uma proposta (alguém o olha com luxúria ou o chama "meu irmão caçula", "meu grande amigo", etc).
- Definidas à medida que as relações se estabeleçam naturalmente.
- Dadas pelo próprio exercício (se lhe pedem que interprete um papel concreto: mágico/assistente, rainha/criada, conferencista estrangeiro/tradutor, etc.)

Caso a relação não seja dada pelo exercício, as decisões que deverão ser tomadas são:

a) O que são um para o outro? Íntimos, conhecidos ou totalmente desconhecidos?

Existem três tipos de relações: as profissionais (chefe e assistente, mágico e ajudante, etc.), as pessoais (família, amigos, amantes), ou as que são estabelecidas em encontros com desconhecidos (alguém lhe assalta à mão armada, ou pisca um olho, ou tenta lhe vender algo, etc.). Portanto, pode ser que se conheçam intimamente ou superficialmente, ou que não se conheçam em absoluto. Qualquer dessas relações permite que o jogo flua.

b) O que sentem um pelo outro?
As relações podem ser harmônicas ou conflituosas. A química que existir entre eles os inclinará a jogar num ou noutro sentido. Mas não se pode esquecer que o fato de jogar como marido e mulher não implica necessariamente que tenham um sentimento positivo em relação ao outro. Ou que alguém brinque de ser seu chefe não significa que você o trate com respeito.

c) Quem é o dominante e quem é o dominado?
Em todas as relações humanas também há uma relação de poder. Pode parecer praticamente inexistente, mas tenho certeza de que sempre está presente, e tem tanto valor cômico que dediquei a próxima seção ao assunto. Por hora, você apenas tem que saber que existe, e que com frequência a decisão que você deve tomar sobre ela é simplesmente a de aceitar seu nível de poder dentro da equipe e evidenciá-lo.

Os clowns gostam de representar papéis; nisso são como crianças. Fazem você ver que são algo, enquanto isso se divertem. "Agora sou um... ladrão de bancos... um malabarista... um criado... um amante... um cirurgião... uma estrela de cinema...". Finalmente são *alguém*! Por isso que se você se sente incapaz de definir ou aceitar sua relação com um companheiro, pode estar certo de que está resistindo. Lembre-se do "sim" interno e se lance a jogar com qualquer proposta. No fim das contas, sempre é o clown quem queremos ver, o clown se divertindo.

> **Exercício 7: 'Um minuto para estabelecer uma relação'**
> Este é um exercício dinâmico e rápido que permite aos alunos verem como é fácil estabelecer uma relação (e um sem fim de relações que existem), desde que aproveitem a oportunidade de mergulhar numa.
> Dois participantes. Têm que criar todas as relações que podem num minuto; quantas mais, melhor. Começam a partir de lados opostos do palco. A um sinal do professor correm até o centro, criam uma relação entre os dois (médico/paciente, cabeleireira/cliente, bancário/assaltante, etc.), e depois voltam às suas posições originais antes de se juntar de novo e criar a relação seguinte. O professor conta o número de relações obtido por cada par, e o par com a pontuação mais alta "ganha".

Poder ou status

Justo antes de explicar aos nossos alunos de nível intermediário como jogar com o status, pedimos que façam um exercício simples, mas fascinante. Dizemos: "Vamos ver quem é a pessoa mais poderosa do grupo". Imediatamente, há uma mudança de energia na sala; as pessoas começam a cochichar com entusiasmo, ou a rir com inquietude, ou a se mexer em suas cadeiras nervosamente. O poder (próprio e alheio) faz aflorar todo tipo de "bagagem emocional" nos adultos, lhes tocam em um nível profundo, e certamente, sendo assim, é um tema incrivelmente rico, cômico e gratificante de converter num jogo.

Pedimos que entrem em cena um a um e se encontrem com o clown que já está em cena. O clown que tiver o status mais baixo dos dois tem que abandonar a cena no momento em que se dá conta de que seu companheiro tem mais poder que ele.

Adoro ver como se manifesta o poder nas pessoas neste exercício; como lhes abandona logo se tentam "ser poderosos"; o óbvio que é ver a partir do público quem terá que abandonar o palco; o pouco que uma pessoa realmente poderosa tem que fazer para manifestar seu poder, e como esse poder não tem nada a ver com a força física nem com atitudes agressivas.

Normalmente, sei quem é a pessoa mais poderosa do grupo antes de começarem o exercício, porque já terá mostrado no palco e fora dele. Não implica que tenha sido autoritária (mandando os outros fazerem isto ou aquilo), seu poder sempre é autônomo. As pessoas poderosas simplesmente são donas de seus próprios corpos e do espaço ao seu redor, não tentam convencer ninguém de nada, estão confortáveis em sua pele. Olham para todo mundo nos olhos, os escutam com atenção, mas têm suas próprias opiniões e não têm receio em compartilhá-las. Algumas são conscientes do poder que têm, outras se surpreendem, como se ao ter nascido assim, pensassem que todos os demais também.

O exercício é, então, uma maneira perfeita de introduzir visualmente toda a informação básica do jogo de poder entre clowns. Os alunos aprendem que:
- Sua aptidão natural de jogar em status alto ou baixo já está presente.
- Seu nível de poder muda dependendo da pessoa com a qual se relacionam.
- Têm que aceitar jogar o papel onde se saem melhor. Podem se divertir independentemente de seu status.
- Os níveis de poder podem flutuar no transcurso de uma mesma relação.

- O poder próprio se comunica mais claramente através da linguagem corporal.
- Jogar com o status como clown é divertido.

Uma vez que esta informação foi salientada e debatida, fazemos com que joguem papéis em duos com status bem definidos. Pedimos para pensarem em personagens que automaticamente criarão diferenças extremas de status, como uma rainha e seu criado, uma diretora de empresa e seu secretário, Deus e um anjo novato, etc. Assim poderão sentir facilmente as diferentes linguagens corporais que cada papel requer e explorar em qual dos dois papéis se sentem mais à vontade.

Jogar com qualquer um dos papéis deve proporcionar prazer à pessoa que os interpreta, ao fim e ao cabo, ambos são clowns; não vão interpretar uma rainha ou Deus, mas oferecer uma versão cômica deles. Por essa razão, os termos que se usam na linguagem clown são jogar com "status baixo" ou "status alto". É um jogo que realizam juntos, de modo que, como sempre, devem ajudar-se mutuamente para que funcione.

Os personagens com status baixo são os que criam confusões tremendas. Tentam fazer bem o trabalho que lhes cabe, mas é uma luta constante, há tentações demais para fazer de tudo, menos trabalhar! Então rapidamente se esquecem de como deveriam se comportar, e sucumbem aos seus naturais excessos de entusiasmo, torpeza, confusão ou curiosidade. Como resultado, criam múltiplos problemas para o clown que joga com status alto. Por sua culpa tudo sai mal ou fracassa!

Os personagens com status alto representam a autoridade, mas de todos os modos, devem ganhar o carinho do público. São supostamente "superiores" de alguma maneira, ou isso é o que eles querem acreditar e fingem ser! Na realidade são ridículos e o demonstram por si mesmos, ou pela provocação do clown de status baixo. O público é sempre a autoridade mais alta na sala e, consequentemente, o clown que tem status alto tentará manter sua dignidade diante dele, inclusive se tudo for terrivelmente mal. Para evitar estar constantemente irritado nessas situações limite, terá que usar uma ampla gama de reações (por exemplo: duvidar de si mesmo, ter um ataque de ansiedade, sentir-se desesperado, rir, ser bondoso ou generoso, etc.).

Exercício 8: "Criar problemas'
Dois participantes. Um joga com o status alto e o outro com o status baixo (duquesa/mordomo, diretora de um colégio/aluno, chefe famoso/ajudante, etc.). O clown com status baixo cria problemas para o clown com status alto. O com status alto aceita as propostas oferecidas pelo seu companheiro e reage variando suas emoções em função do que ocorre. A situação tem que crescer gradualmente e tornar-se cada vez mais caótica. Uma vez que o jogo chegou ao seu auge, os clowns têm que buscar uma maneira de terminar a improvisação e sair de cena.

Exemplo 1: O guru e sua discípula
O clown com status alto entra como um guru espiritual. Exagera o estereótipo, fazendo gestos místicos e com um andar cerimonioso. Detém-se para escutar uma voz, que só ele pode ouvir, e conversa com ela.
 A partir do biombo do fundo, sua discípula entra em cena como num transe, os dedos de suas mãos num mudra e cantarolando "om". Não se detém quando alcança o guru, e continua até chegar na parede esquerda do palco. Ali dá um quarto de volta e continua até a parede do fundo, onde gira de novo em direção ao biombo, até desaparecer atrás dele.

O guru esteve observando-a com silenciosa incredulidade. Cada vez que sua discípula deu uma volta, sua impaciência aumentou, então quando ela desaparece completamente, ele tem que fazer uma profunda inalação *yóguica*. Em seguida, fingindo ser chamado por um poder superior, vai até o biombo para buscá-la.

A discípula entra pelo lado oposto, exatamente da mesma maneira que antes, mas desta vez, quando chega no guru, se vira para o público, e segue caminhando.

O guru se vê forçado a correr para frente para evitar que sua discípula se choque com o público, perdendo assim toda sua fingida espiritualidade. Segura-a pelos ombros, mas ela, em vez de parar, segue caminhando sem sair do lugar. Vira-a com força dissimulando a violência do ato com um gesto de bendição exagerado, mas termina com um estalo de dedos agressivo na frente do seu rosto. A discípula desperta do seu transe e pede perdão efusivamente.

O guru desliza até o centro do palco e se senta numa almofada na posição de lótus. Num gesto magnânimo, pede à sua discípula que se sente ao seu lado. Ela tenta copiar sua posição, mas parece doloroso demais, então começa a provar diferentes posições cada vez mais ridículas, com a intenção de encontrar uma que seja cômoda. Sua posição final é estirada de barriga para cima, usando a almofada de yoga como um travesseiro. Imediatamente cai no sono e começa a roncar.

O guru estava observando-a, perdendo sua compostura pouco a pouco. Está a ponto de chorar quando ela começa a roncar. Tenta se acalmar com outra inalação *yóguica*, mas está à beira de um ataque de nervos. Quer fazer seu discurso sobre *o amor incondicional*, mas os roncos abafam suas palavras; termina aproveitando os breves silêncios para falar. Então a discípula começa a mudar o ritmo de seus roncos e, ao final, o guru se vê obrigado a se calar.

O sonho da discípula se transforma em erótico. Sua língua busca um beijo imaginário e a almofada se converte em seu amante. O guru se levanta de um salto, repete o gesto de bendição e o estalo de dedos anterior, mas desta vez alongando e aumentando sua intensidade. Sua discípula se levanta sem acordar e começa a caminhar como uma sonâmbula; com os braços estendidos para frente, mas com suas mãos num mudra e cantarolando "om" entre roncos. Repete a gag de chegar na parede, virar e desaparecer atrás do biombo, deixando o guru tão transtornado de impotência que não pode continuar com sua farsa, e desata a chorar antes de fugir de cena.

Exemplo 2: O homem mais forte do mundo
O clown que joga com o status alto entra para fazer um número do homem mais forte do mundo. Começa a mostrar seus músculos, rosna e resmunga para realçar o esforço realizado.

O clown que joga com o status baixo, Hugo, entra em cena como um espectador. É altíssimo e de constituição robusta, mas é um gigante manso. Observa o numerozinho de seu companheiro, intrigado.

O mais forte, contentíssimo consigo mesmo, mostra seus bíceps numa pose típica, e a mantém enquanto olha Hugo, esperando ser admirado por ele.

Hugo tira de seu bolso com delicadeza um lenço de papel e assoa o nariz ruidosamente. Está a ponto de guardá-lo de novo quando se dá conta de que está molhado. Tenta secá-lo no ar, e soprá-lo sem sucesso. Detém-se um instante ao ver os braços do homem forte, depois se aproxima para estender o lenço sobre um dos seus bíceps. Estica-o minuciosamente para que se seque bem, como quem estende roupa recém lavada.

O mais forte arranca o lenço de seu braço e o joga no chão, irritado. Volta à sua pose e aos seus grunhidos.

Hugo recolhe o lenço e o alisa de novo. Olha o mais forte, vê que sua testa está empapada de suor, de modo que, com um gesto muito asseado, aplica o lenço em cima do suor. O lenço fica grudado, cobrindo a cara do com status alto.

O mais forte, irado, arranca o lenço e volta ao seu "show". A intensidade de sua emoção o faz cuspir involuntariamente ao grunhir de novo.

Hugo, sensível ao volume dos gritos, mostra seu incômodo. Está tenso, mas mesmo assim, ao ver a saliva no lábio do seu companheiro, recolhe o lenço do chão e o limpa com delicadeza. Depois o dependura na gola da camiseta do seu musculoso parceiro, como se fosse um babador.

O forte arranca o lenço, o rasga em dois como se fosse algo difícil de fazer e joga os dois pedaços no chão. Ameaça gestualmente Hugo, mas fazendo com que seus gestos aparentem fazer parte do seu espetáculo de homem mais forte do mundo. Solta um grito de Tarzan em sua orelha.

Hugo recolhe os dois pedaços de lenço e enfia cada metade em uma orelha. Fica ridículo.

O mais forte percebe que Hugo está distraindo a atenção de seu público. Caminha com determinação até ele e arranca os papéis de suas orelhas, bufando desprezo em sua cara.

Hugo olha para o público e depois para o mais forte. Inala profundamente, assumindo toda sua altura e grandeza, logo solta um rugido potente, como um urso defendendo seu território.

O mais forte se assusta, olha Hugo com pânico. Olha urgentemente ao seu redor, buscando a saída de emergência. Vê uma porta no fundo da sala e vai correndo em direção à ela, gritando como uma criança pequena.

Hugo se vira para o público mantendo sua estatura de urso, mas agora sorri. Enquanto sai tranquilamente de cena, imita algumas das poses do homem mais forte. Está contente, aproveitando do momento.

11
A casa encantada

Se você me perguntasse: Qual é a pior parte da aprendizagem de um clown? Ter um branco, não saber se o público está rindo de você ou com você, fracassar constantemente, mostrar-se vulnerável? Eu te responderia: Não, o pior da aprendizagem deste ofício são os fantasmas.

Fantasmas? Pois é, aqueles fantasmas que estão sempre esperando o momento mais inoportuno para aparecer, por exemplo: exatamente antes de entrar em cena ou quando o riso do público brilha por sua ausência. Fantasmas das mais diversas naturezas, capazes de lhe dar um inesperado susto mortal, encolher seu coração momentaneamente e fazer você passar por um desgosto mais ou menos duradouro. Refiro-me aos fantasmas psicológicos que vagam pelo seu interior, aos seus medos ocultos.

Leões e fantasmas
Existem dois tipos de medo. O medo que se vive diante de uma ameaça real e o medo que se sente diante de uma ameaça imaginária. As reações corporais diante de ambos os medos são as mesmas: palpitações, tensão muscular, descarga de adrenalina, dilatação das pupilas, etc. Estas reações instintivas de sobrevivência nos ajudam a nos proteger em situações perigosas. Por outro lado, o segundo tipo de medo parte de ameaças imaginárias, não de um perigo autêntico, mas apenas de uma percepção

de perigo, e então as reações corporais entorpecem nossa capacidade de agir adequadamente.

A diferença seria como se encontrar com um leão selvagem ou escutar de madrugada, em sua casa, ruídos estranhos produzidos pelo vento. Com um leão é bom que seu corpo se desperte, gere forças e aja com cautela, porque sua sobrevivência depende disso, mas não é o caso com os ruídos do vento em sua casa. Na realidade, o que o mantém paralisado de medo em sua cama? Simplesmente sua imaginação, que criou um fantasma onde não há, um fantasma que vem zombar de você.

O cérebro, que envia as mensagens ao resto do seu sistema, por natureza é muito suscetível. Além do mais, como tem tudo arquivado numa mesma pasta, diante da possibilidade de sofrer dor (física ou emocional), não distingue entre o real e o imaginário. Por isso, quando se encontra diante de uma ameaça imaginária, que o leva a crer que seu organismo pode sofrer dor, manda imediatamente uma ordem ao corpo: "Reaja!", e você, a pessoa que recebe a dose de adrenalina que acelera seu coração e o deixa sem respiração, capta somente a mensagem principal: "Perigo!". Se não tomar consciência do que realmente está acontecendo, o medo se apoderará de você e o convencerá de que "algo terrível está a ponto de acontecer!". Entretanto, se você romper por um instante o círculo vicioso que tenta levá-lo ao abismo, se você respirar, recapitular e reconhecer que somente é a passagem de um fantasma, poderá relaxar e sorrir de novo.

O importante papel do coração

Ao contrário de um ator que pode se "esconder" atrás de seu personagem, seu texto e a quarta parede, o clown tem que olhar para o público e permanecer aberto ao que ocorre ali. Então para ele, ou na verdade para a pessoa que lhe dá vida, é muito difícil se distanciar para ver seu trabalho profissional com perspectiva até chegar a ter muita experiência. A princípio, quando entra em cena não sabe discernir onde está a falha; tudo está misturado: seu talento, sua confiança, seu material, sua expressão corporal e vocal, sua habilidade com o público, seu controle dos tempos, sua imaginação, seu carisma, suas reações improvisadas. É como fazer exames de dez matérias ao mesmo tempo e, por muito que supere a prova numa função, não há nenhuma garantia de sucesso na seguinte. Sabe que a maioria das pessoas de seu público vai julgar seu talento artístico numa só apresentação. Os fatores variáveis (seu estado de ânimo, as dificuldades técnicas, o horário e o lugar da atuação, as interferências sonoras, o tamanho e o estado anímico de seu público, etc.), só ele os conhece. De uma apresentação a outra pode variar tanto sua sensação global do que fez, que quando alguém se aproxima e lhe diz que o viu atuar, imediatamente pergunta: "Onde e quando?"

A receptividade do público para um clown depende em grande parte da confiança que ele tenha de si mesmo. Uma pessoa com pouca experiência cênica é muito suscetível a imprevisíveis perdas de confiança e, portanto, não saberá como manejar a repentina tensão interior. Admitir o medo que sente lhe parecerá um suicídio (no fim das contas, está no palco para fazer o público rir, não para que este lhe assegure que tudo está bem), por isso que tentará continuar com o espetáculo como se nada estivesse acontecendo. No entanto, o medo terá fechado seu coração e, em consequência, sua atuação vai mudar, sutil ou claramente. Suas defesas tomarão o comando, sem que sequer seja consciente disso, e tentarão remediar como for o seu incômodo. O normal é que essas defesas alterem excessivamente sua energia e que seus efeitos sejam desastrosos. Por exemplo, perderá os tempos cômicos por acelerar, a raiva vai se apoderar dele, o que vai provocar que seja excessivamente rebelde ou agressivo; terá reações automáticas ou se bloqueará.

O fato de que o público já não responda positivamente, ou de que ele não seja capaz de escutar sua reação se há alguma, reforçará ainda mais o medo que sente. O público se transformará em seu inimigo, e a partir daí sua atuação entrará sem remédio numa espécie de espiral descendente. Um clown com o coração fechado é como um paraquedista sem paraquedas: está condenado a acabar mal.

O medo como desafio

Nos cursos de clown e como clown profissional há que enfrentar muitos fantasmas, vários medos imaginários que podem afundar, perturbar, desmoralizar e paralisar qualquer um: medo cênico, medo do ridículo, medo de não estar à altura, medo do fracasso, medo do sucesso, medo de se mostrar vulnerável, medo de perder o controle. Ufa! Não me surpreende que muitos se perguntem: "O que faço aqui?" ou que não encontrem suficiente coragem para continuar.

Como combater o medo quando ele tenta se apoderar de você? Como superá-lo definitivamente? Entrar na batalha consigo mesmo é uma opção desgastante que desperdiça uma quantidade grande e valiosa de energia, que poderia ser empregada em outras atividades, como se amar, se escutar e rir de si mesmo. Além do mais, é muito mais proveitoso tratar de entender o medo e vivê-lo como um desafio.

A respiração, empregada em todas as técnicas de relaxamento, é uma arma poderosa contra os sintomas físicos do medo. Quanto aos sintomas psicológicos, creio que só há uma arma válida: a ação. Sinta o medo, mas saia e se mostre de todas as formas. É o caminho mais curto que conheço para se libertar dos perigos imaginários e o que mais reforça a segurança pessoal. Se você passar à ação, encontrará o "X" do mapa do tesouro. Escave um pouco e encontrará algo valioso.

Perder o medo do medo

Consciente de que o medo preso é nocivo, como professora tento ajudar meus alunos a reconhecê-lo quando aparece, assim como a expressá-lo, compartilhá-lo e canalizá-lo. Isto evita que fechem seu coração. Naturalmente, pode levar mais tempo combater os medos antigos, e há que se respeitar o processo de cada um. Em consequência, embora os convide a aceitarem minha ajuda, são eles que têm que sentir que estão preparados para passar à ação.

Forçá-los contra sua vontade seria contraproducente, pois sei por experiência própria que a vontade desempenha um papel importante. Tomar a decisão de se superar já é por si só um grande passo que merece felicitações. Evidentemente, também ajuda o fato de ver os companheiros entrando em ação e saindo ilesos, inclusive felizes, pois isto cria a motivação e a rede de segurança que todo aluno necessita. Nos nossos cursos estabelecemos, além disso, um ambiente de confiança que propicia a desinibição e a desdramatização.

O que acontece quando não levam a sério seus fantasmas, quando os mostram à luz do dia, quando lhes dão um tratamento teatral exorcizante? Com um nariz vermelho posto, podem optar por reagir diante desses fantasmas de maneira completamente diferente; podem brincar com o medo em si ou com o fato de sentir medo.

O clown confronta os fantasmas ao evidenciá-los e utilizá-los da mesma maneira que utiliza o fracasso. Se lhes abre a porta escancaradamente, pode criar todo um número com eles. Fui testemunha de apresentações hilariantes com alunos que puderam transformar o que estavam sentindo numa autêntica obra de arte. Naturalmente seus fantasmas diminuíam de tamanho cada vez que jogavam com eles e com o tempo seu medo acabava desaparecendo para sempre.

"Se você entra no jogo do palhaço, se libera de uma só vez de seus medos absurdos. E uma vez que mostrou todo o lado obscuro, o que mais resta?, somente seu lado brilhante. Você acaba de obter o poder de quem não tem nada a perder, porque já perdeu tudo."

Alberto Tugores, clown, Espanha

O medo cênico

A Wikipédia (versão inglesa) descreve o medo cênico desta maneira: "Uma ansiedade, fobia ou medo relacionado com uma atuação diante de um público ou câmara. Esta forma de ansiedade pode preceder ou acompanhar a participação em qualquer atividade que suponha a apresentação de si próprio em público".

Ou seja, é a preocupação pelas possíveis consequências negativas de se expor em situações públicas, incluindo atividades sociais, laborais ou desportivas. E os possíveis efeitos de tal preocupação são impresionantes:

- *Em nível fisiológico:* Respiração acelerada, alteração do ritmo cardíaco, transpiração abundante, urgência urinária, mal-estar estomacal, dor de cabeça, redução da secreção salivar, dilatação das pupilas, rubor facial, sensação de fechamento da laringe, náuseas, inquietude generalizada.
- *Em nível cognitivo:* Congestão mental, falhas na memória, expectativa de fracasso, hipertensão autocentrada, exagero na percepção dos erros, confusão mental, problemas de concentração, autoexigência, temores de fracasso, de rechaço e do ridículo.
- *Em nível comportamental:* Impedimento da ação, fuga da situação, comportamentos automáticos, balbucios ou atropelamento verbal, gagueira, baixo volume da voz, silêncios frequentes ou longos.

O caso de Marina

Marina era uma mulher de 35 anos, psicóloga profissional, de aspecto doce, mas ao pisar pela primeira vez no palco, foi vítima de convulsões corporais nas suas extremidades. Sua tensão interna era palpável, e era absolutamente incapaz de nos olhar, nem sequer brevemente, sem que estas reações de seu corpo aumentassem consideravelmente.

Para ajudá-la a sair do ciclo de nervosismo no qual se encontrava presa, me levantei e me aproximei dela. Fiz isso porque sei que o stress do medo cênico diminui quando se compartilha – a mente relaxa um pouco e a sensação de perigo diminui, pois a atenção não é exclusivamente para si mesmo-. Ao chegar ao seu lado, pus minhas mãos na sua barriga e suas costas, na altura do "hara" (o centro energético situado dois dedos abaixo do umbigo). É o centro que ativa a força vital, e respirar a partir dali é muito eficaz contra o medo. Marina tinha de se conscientizar das reações de seu corpo diante do perigo imaginário, e tentar relaxar. Era primordial que se conectasse com uma respiração profunda.

Sussurrei ao seu ouvido: "Feche os olhos, firme seus pés no chão, dobre um pouquinho os joelhos e deixe seu peso cair até os pés. Assim, muito bem! Esqueça todo o resto. Respire cada vez mais fundo. Deixe que a respiração entre nas partes do seu corpo que estão agitadas. Relaxe qualquer tensão que sente em seus músculos. Muito bem!". Sentia através das minhas mãos, as palpitações aceleradas do seu coração, mas também estava sentindo a energia que emanava do resto do grupo. Todos, sem exceção, estavam mandando energias positivas para Marina; o ambiente estava elétrico. Instintivamente, lhe estavam apoiando em silêncio, e não porque a conheciam bem (era o primeiro dia do curso). Foi uma resposta natural; desejavam vê-la superar seu medo.

Continuei sussurrando palavras de ânimo em seu ouvido, até que escutei que seu coração batia com normalidade e a vi tranquila.

Então disse: "Agora você vai abrir seus olhos e observar as pessoas que estão na sua frente. Lembre-se, pode ser que eles a estejam observando, mas você também vai observá-los. Olhe para um a um, sem pressa. E se sentir algum incômodo, simplesmente feche seus olhos e volte a si mesma de novo." Marina abriu os olhos e manteve a calma corporal. Olhou individualmente os membros do público, enquanto respirava fundo. Seu ponto de concentração tinha mudado; era o centro das atenções, mas de uma maneira totalmente nova. Havia instalado a si mesma no centro, seu centro, e a partir dali pôde diluir o temor do olhar alheio.

Esta era a primeira vez que Marina pisava num palco. Nas seguintes, se soltou cada vez mais diante do olhar eufórico de todos os presentes. Fazia-nos rir falando consigo mesma, mandando seu corpo ficar quieto. "Quem manda aqui?", perguntava às suas pernas trêmulas "Eu sou a chefe, quietas!". Extraiu de si uma força inesperada e adorou senti-la. De fato, eu diria que lhe proporcionou um prazer enorme, porque a cada vez que saía do palco seu rosto estava iluminado, seus olhos brilhavam e sorria de orelha a orelha!".

Não importa qual fosse a raiz do problema que atormentava Marina. O importante era saber que podia ser superado. O fato de que alguém com medo cênico se inscreva num curso de clown, disposto a viver a experiência, é mais do que recomendável. Marina, por mais tímida que parecesse, tinha muito valor. Estava convencida de que queria enfrentar seus fantasmas e romper seus moldes. Tomar a decisão de enfrentá-los foi a chave. Sempre que alguém estabelece um objetivo e o cumpre aumenta sua autoestima. De modo que se você é vítima do medo cênico, vá fixando objetivos alcançáveis e se dê os parabéns com frequência. Vai dar-lhe confiança para seguir aprendendo a transformar o medo até superá-lo totalmente.

O medo do ridículo

Nosso desejo de sermos "normais" se desperta na adolescência. Ao querermos ser aceitos pelos nossos companheiros, tentamos evitar a todo custo sermos rotulados de "estranhos". Nesta fase de miopia adolescente não vemos que o mundo é muito diverso e que o que é normal numa sociedade, pode ser muito mal visto em outra. A normalidade é questão de consenso. Damo-nos conta disso ao nos tornarmos adultos. Buscamos, então, pessoas com os mesmos gostos e interesses, porque assim estes passam a ser normais.

Mas somos seres sensíveis, e alguns não receberam ajuda ou amor a tempo. O que provoca o medo é a possibilidade de se sentir julgado. Infelizmente, ao tentar evitar as situações onde se pode cair no ridículo, se perde um sem fim de oportunidades de desfrutar. A inibição é equivalente à autorepressão.

O caso de Ana

Ana veio a um curso de iniciação com a intenção de enfrentar seu medo do ridículo. O primeiro dia se sentia inibida a cada vez que entrava em cena, fato que compartilhou com seus companheiros abertamente, ao explicar que o relacionava com um sentimento de sua infância, o de sempre pensar que quando as pessoas riam, riam dela e não com ela.

Sentia-se presa, mas queria mudar. Depois de ouvi-la, compartilhei com ela o que dizia à minha filha Amara que, quando pequena, fazia ou dizia algo engraçado que me dava vontade de rir, o que, para ela, não havia graça nenhuma: "Caramba, mas você acaba de me fazer rir, obrigada! É fantástico que você provoque alegria, é um grande prazer poder rir." Amara agora tem incorporado que pode ser que eu esteja rindo de algo que fez, mas não por isso a estou julgando globalmente, nem a tachando de boba ou desajeitada, e então pode rir comigo.

Ana esteve muitos anos bloqueada por um sentimento de vergonha diante do riso dos outros. O segundo dia a vi lutando consigo mesma toda a jornada. Esforçava-se para entrar e participar, lutava para fazer o que pedíamos, mas lhe custava muito. Pela tarde percebi que estava exausta e frustrada, então lhe disse: "Vejo que você não está desfrutando e isso me preocupa, porque não pode fazer seus companheiros rirem se você mesma não desfruta. Por favor, não se esforce mais para entrar em cena. Dê-se a permissão de ficar sentada e relaxada e entre só se realmente puder, sem que seja uma luta.". Mal ouviu minhas palavras desatou a chorar; a luta havia terminado. Prometeu respirar em todos os momentos e relaxar.

No terceiro dia a vi disposta a ser ela mesma. Às vezes estes milagres ocorrem de um dia para o outro; o descanso, os sonhos, a distância ou o compartilhar com outros, tudo ajuda a assentar a lição. Em sua primeira entrada do dia foi vital e expressiva, rindo de seu próprio nervosismo. De repente a vi relaxada, e ali estava, uma mulher belíssima, solta e desfrutando dos risos que ela, por ser como era, recebia do público.

Assim descreveu num correio eletrônico que nos mandou uma semana depois do curso: "E surpreendentemente reconheci a palhaça que trago dentro arrancando sorrisos e desfrutando da vergonha e do ridículo de simplesmente sentir para fora".

É condição do ser humano querer ser amado por quem se é e por como se é, e é condição espiritual que todo amor começa por si mesmo. Quando Ana não se amava fazendo o ridículo, não podia aceitar os risos (o amor) dos demais.

Aprender a ser clown é um desafio perfeito para os que sofrem de medo do ridículo. O clown é como é, joga com isso. Não apenas quer estar ali na frente das pessoas, simplesmente; quer ocupar seu espaço e seu tempo, quer existir em grande estilo, quer entrar em seus corações. É um ser generoso, com suas habilidades e torpezas, com sua inevitável humanidade. É ridículo, sim, mas ao admitir isso é muito mais livre.

O medo de não estar à altura

"Sirvo ou não sirvo?" é uma pergunta que muitos costumam se fazer a respeito da técnica do clown, incluindo profissionais com anos de sucesso nas costas! E a resposta sempre depende de seu nível de autoestima no momento de fazer essa reflexão.

A autoestima é a opinião que você tem de si mesmo. Com uma opinião negativa (momentânea ou permanente) sobre suas habilidades como clown você se convencerá de que é melhor desistir. Você pensa: "minha atuação não convencerá ninguém", "há clowns melhores", "a quem pretendo enganar?", "minhas capacidades não são suficientes". Se você se compara com companheiros de classe, com seus colegas profissionais ou com seus ídolos, provavelmente sairá prejudicado. "Ninguém ri… que tortura! Não sirvo para isso. Devo ser sem graça".

Por favor, não se deixe levar por ilusões. Não deixe cair sua autoestima, pois a confiança depende dela, sem a qual será difícil que seu palhaço brilhe. Ninguém se compara com um animal, nem se sente menos por não ser tão rápido, forte ou ágil, mas todo mundo o faz com seus congêneres. A mentalidade competitiva tenta confundi-lo, mas não se deixe enganar, pode ser que alguém saiba fazer coisas que você ainda não pode fazer, mas não por isso vale mais do que você.

Ser reconhecido tem suas vantagens e desvantagens, o mesmo que ser um rosto na multidão. Fazer turnês mundiais parece maravilhoso, até que você tenha que viver durante meses distante de seus entes queridos, com malas nas costas, dormir sempre em hotéis e comer mal. Pode ser mais prazeroso se apresentar ao lado de casa, e mais satisfatório fazer uma criança ou adulto hospitalizada sorrir do que receber ovações de multidões.

O caso de Juan

Juan participou de um grupo de pessoas muito soltas e confiantes. Embora não fosse a única pessoa que sofria de timidez, era ele quem sempre realizava os exercícios com o arquetípico papel de bom menino. Obviamente não conseguia riscos facilmente, apesar de ter conseguido superar seu medo por uns preciosos instantes seguindo nossas indicações. Depois de apenas quatro horas, no final da primeira manhã, fizemos uma roda para compartilhar, e Juan já estava disposto a jogar a toalha. "Devo me perguntar se sirvo pra isso?", nos perguntou. Sem ser consciente disso foi diretamente ao ponto: valho ou não valho? "Pois... você pode chegar a ser um excelente clown se não puser em dúvida sua capacidade de sê-lo", lhe disse.

É claro que eu não podia esperar que Juan se desprendesse ali mesmo da bagagem mental e emocional acumulada durante anos. Contudo, parecia que podia ajudá-lo a mudar sua perspectiva para o trabalho, então lhe disse: "Você tem que pensar desta maneira; talvez ainda não seja um bom clown, o que não é de se estranhar depois de quatro horas, mas em vez de se avaliar pelo resultado, tente avaliar o processo. Não se julgue, não se dê uma nota ruim e aos outros uma boa. Você está fazendo o melhor que pode, e isto é ótimo".

Juan sorriu e depois caiu na gargalhada. Quando se recuperou do ataque de riso, nos disse: "Tenho 35 anos e acabo de me dar conta de que sou um idiota. Que bom! De repente, tive uma visão de mim mesmo no final de todos os concursos escolares nos quais participei sem conseguir nunca um prêmio. Vocês acreditam que continuo com vontade de ganhar em algo, de levar um troféu para casa? Creio que na próxima vez que entrar em cena tentarei ser um perdedor contente". Todos nós concordamos que seria muito divertido vê-lo, e assim foi. Ele tirou a fantasia de bom menino e se permitiu brincar de menino desvalido, com tanto entusiasmo que cada comentário seu arrancou aplausos espontâneos do público.

O medo de perder o controle

Este é o medo mais generalizado em nossa sociedade. De fato, acho que há poucas pessoas que estão totalmente livres dele. O medo do descontrole se manifesta de várias formas.

- *Autocontrole:* Por meio dos pensamentos, da conduta ou das emoções.
- *Controle dos outros:* Por meio da manipulação, da chantagem ou das agressões.
- *Controle do entorno:* Por meio da ordem constante, da previsão excessiva ou de complexos sistemas de segurança.

Controlar em si não é algo que possamos nem devamos evitar. Existem formas de controle que são necessárias para o bom funcionamento da sociedade, mas inclusive a sociedade reconhece a necessidade do carnaval, a importância de perder o controle, a farra desenfreada, o caos e a loucura.

O clown é um parente próximo do Carnestoltes (personagem que dá as boas vindas ao Carnaval na Catalunha), pois também adora o descontrole, o exagero, o fazer sem pensar nas consequências. Dar-lhe vida é deixar brotar sua saudável loucura. Se você tenta limitá-lo, ele desaparece. E se tenta controlá-lo, você apaga seu entusiasmo criativo.

Muitos tentam não perder o controle nos nossos cursos, se empenhando em intelectualizar, bloquear, impor e acabar o curso sem ter se despenteado.

- *Intelectualizar:* Pensar antes de agir. Você quer que tudo saia bem, e então, pensa primeiro, decide o que vai fazer e depois executa.

   Antídoto: Diga que sim, se surpreenda, seja espontâneo, não prepare nada, faça a primeira coisa que lhe pasar pela cabeça. Não decida de antemão o que vai captar seu intere se ou o interesse do seu público.

- *Bloquear:* Controlar uma situação em vez de brincar com ela. É quando você diz "não" a uma proposta de jogo, quando se aferra às suas ideias, quando muda o jogo antes de tê-lo provado, quando não escuta o companheiro, quando ignora a proposta, quando não permite que as coisas ocorram ou avancem.
  Antídoto: Preste atenção, aceite as ideias que surgirem, tente fazer algo com a proposta que existe, diga "Sim e..." com a intenção de jogar. Arrisque.
- *Impor:* Dar ordens aos companheiros ou ao público. "Faça isto, venha por aqui, olhe para lá". Manipular fisicamente o companheiro. Não lhe dar a oportunidade de entrar no jogo.
  Antídoto: Interessar-se pelo seu companheiro, cuidar dele, aceitar que formam uma equipe. Sugerir e propor. Encontrar maneiras criativas de conseguir o que quer.
- *Controle da imagem:* Dançar sempre da mesma maneira. Sentir vergonha de estar desarrumado e despenteado. Qualquer rigidez física não congênita.
  Antídoto: Confiar em sua capacidade de sobreviver à desordem, ser flexível, sentir as necessidades de seu próprio corpo, relaxar, soltar o cabelo, se inspirar em alguém que conhece e que se movimenta com soltura, que sua, que se suja ou é excêntrico em sua maneira de vestir.

O caso de Xavier

Xavier tinha 32 anos e era ator. Era discreto e atento, com seu aspecto polido que mantinha sempre intacto. Era um bom profissional, seus movimentos eram limpos e precisos, seus olhos davam expressão às mudanças internas mais sutis e sabia muito bem estar cem por cento presente em cena. Por tudo isso, e também por sua grande capacidade de assimilação, logo encontrou seu clown e começou a lhe dar vida. Seu clown era uma combinação extraordinária de menino inocente e adulto lúcido. Roubava-nos o coração com sua ternura e nos estimulava a rir a gargalhadas com seus comentários agudos e sempre acertados.

A cada dia assimilava a informação dada e avançava uns passos. Em cena, o víamos desfrutando como uma criança num parque de diversões. Era sempre o primeiro a se oferecer como voluntário, e se via como era reticente ao ter que abandonar o palco. Sobretudo, considerava um prazer evidente fracassar, embora fosse quase impossível pelo talento cômico que possuía. Nos momentos para compartilhar era, na verdade, mais calado e se limitava a perguntas técnicas. Não foi até o final do curso e, na roda de despedida, quando fez um comentário pessoal, o que disse nos deixou pasmos.

> *Hoje me levantei da cama, olhei a desordem dos lençóis, cobertores e travesseiros, e resolvi deixá-los tal e qual. Não arrumei a cama! Isso era impensável pra mim até hoje. Toda minha vida fui incapaz de ver desordem em casa e não fazer nada. Nem havia me questionado até hoje. Mas esta manhã meu clown fez um comentário inesperado, me disse: "Deixa isso!". E de repente tive o impulso de saltar em cima da cama e fazer uma luta de travesseiros com meu companheiro de casa. Não fiz, mas acho que esta noite vou propor a ele!*

O medo do sucesso

Normalmente, somos inconscientes do medo do sucesso, embora triunfar seja aparentemente o que mais desejamos. Sim, queremos o sucesso, mas temos reservas; pode ser que temamos:

- Perder algo: a independência, a liberdade, o tempo de lazer, as amizades, etc.
- Que nos faça mudar: como somos, como nos comportamos, nossa imagem, etc.
- Não ter o controle: que nos utilizem, que nos enganem, etc.
- Ter que cumprir as expectativas: mais pressão, mais stress, mais responsabilidade, etc.

Na realidade, só existem dois motivos pelos quais não desfrutamos do sucesso de nosso clown: a culpa e o medo. Não desfrutamos se nos sentimos culpados por quebrar alguma regra interna ou social (sejamos ou não conscientes dela), por exemplo, o convencimento de que "não deveríamos desfrutar enquanto há pessoas aqui que estão sofrendo", "não seria justo ter mais sucesso que meus companheiros", "demonstrar nosso orgulho é feio", etc. E não somos capazes de desfrutar se temos medo de consequências negativas, por exemplo, ao pensar coisas como "não vão me querer se tenho mais sucesso do que eles", "não mereço estes aplausos", "o prazer sempre vem acompanhado da dor" ou "se subo demais, cairei de mais alto".

Querer ser clown é um primeiro passo; provocar os primeiros risos, outro, e desfrutar em cena, um a mais. Mas saber criar e aproveitar os êxitos requer experiência. Os estudantes sem medo do sucesso conseguem se conscientizar de que são eles que manejam o jogo. Com o tempo, entendem a conexão entre suas ações (seus gestos, palavras, pausas, etc.) e as reações positivas do público; vão adquirindo consciência das técnicas que empregam e as utilizam cada vez mais com maior segurança. Chegam finalmente a integrar toda sua sabedoria, e desfrutam tanto entrando em cena que já não encontram nenhuma dificuldade, pois podem se adaptar ao fracasso ou aproveitar o sucesso, e estão dispostos "ao que for".

O caso de Berta

Berta era uma clown inata, uma dessas pessoas que são engraçadas por natureza. Tinha muita imaginação, uma grande expressividade e um tempo clownesco excelente. Mas tinha um enorme problema: não podia olhar para o público. Quando voltou a se sentar depois de improvisar pela primeira vez, comentou: "Que sofrimento! Me senti péssima". Era muito estranho, pois no palco aparentava estar muito solta, inclusive parecia sentir prazer em estar ali, até o ponto de provocar gargalhadas constantes. Mas internamente, se sentia inquieta, em luta consigo mesma.

Para ajudá-la a ver que não tinha nada a temer, que havia tido um grande sucesso, perguntei ao grupo: "Não é verdade que esteve incrível?" e todos concordaram. Berta escondeu seu rosto e expressou seu rechaço soltando um "Nãoooo!", o que nos fez rir de novo. Quando levantou a vista, lhe disse: "Escutou?", "Sim, escutei", disse com a voz beirando a tristeza.

No segundo dia sua luta interna veio à tona. Não pregou os olhos na noite anterior e suas defesas estavam mais fracas. Eu a incentivava a olhar para o público e receber seu amor em forma de risos, para assim se alimentar de seu sucesso, mas isso só lhe produzia mais mal-estar. Entretanto, como clown expressava à perfeição esse mal-estar e nos deixava a todos outra vez desfrutando da sua loucura, mas quanto mais a aplaudíamos, mais incômoda ficava. No final do dia nem sequer era capaz de sair de trás do biombo, mesmo inclusive sem sair nos fazia chorar de rir, porque expressava dali o seu dilema, o desespero que sentia ao ser valorizada.

Segui meu instinto e mandei que quatro rapazes fortes do grupo a levantassem suavemente e a trouxessem ao centro do palco, onde desatou a chorar, o que de verdade me alegrou. Nunca é minha intenção forçar ninguém a enfrentar um medo, mas quando se trata do medo do sucesso, o que há por trás é o medo de receber amor. E chorar é se abrir para receber amor. É um sinal de renuncia à luta, de rendição, de modo que pedi a todo o grupo que a envolvesse num abraço. Berta, do interior, sussurrava sem parar "Obrigada".

Sua casa encantada

> "O medo é meu companheiro mais fiel, jamais me traiu para ir com outro."
> *Woody Allen, cineasta, Estados Unidos*

Como não é minha intenção enganá-lo, não direi que os fantasmas o abandonarão no momento em que você abraçar o seu clown. Seguirão lhe rondando e tentarão assustá-lo, e há que aceitar que talvez consigam de vez em quando. Superar os desafios cênicos (como despertar a energia de um público apático, confiar em momentos difíceis, reagir diante de uma crítica alheia, se adaptar a problemas técnicos imprevistos, etc) faz parte da aprendizagem. Além do mais, cada novo nível alcançado (atuar pela primeira vez diante de um público pagante, atuar num festival importante, estrear um novo espetáculo, etc) supõe enfrentar novos desafios. Por serem provas importantes para nós mesmos, os desafios costumam ser propícios para que os fantasmas saiam para brilhar, pois eles adoram as oportunidades que as situações de incerteza lhes oferecem. Por isso é tão importante aprender a manejá-los nas primeiras etapas da aprendizagem clown. Os fantasmas não devem ser levados a sério, nem lhes devemos atribuir peso. É muito mais frutífero reconhecer o que são e usar essa viva imaginação (a mesma que cria esses fantasmas) para colocar um nariz vermelho a cada um quando aparece.

12
O objeto do desejo

Nos exercícios de clown há muitos paralelismos com a vida real, por isso, vê-los ou participar deles pode ser bem catártico. O exercício 9 nos mostra, em versão comprimida, o ciclo frustrante, mas ao mesmo tempo estimulante de toda conquista humana. Poucas vezes queremos algo e o conseguimos no mesmo instante. Tampouco nos daria tanta satisfação obter se não tivéssemos que nos esforçar previamente. Lembro-me da gargalhada coletiva que uma aluna provocou quando, numa improvisação, avisou a seu companheiro: "Quero ganhar essa corrida, mas que não seja fácil demais!".

Exercício 9: 'O objeto do desejo'
O seguinte é uma adaptação de um exercício que encontramos no livro *O clown, um navegante das emoções*, de Jesus Jara.

Um participante. O professor põe um objeto cotidiano num lado do palco e o rodeia, a uma distância de um palmo, com um triângulo de fita adesiva branca. Em seguida, explica que não se pode, sob nenhuma circunstância, ultrapassar a linha para pegar o objeto que está dentro do triângulo. O objetivo do exercício é, precisamente, se apropriar do objeto.

O clown tem que entrar, ver o objeto e desejá-lo. Seu desejo deve ser visível, e pode inclusive ir crescendo a cada passo em direção ao objeto no chão. Deve explicar seu desejo, e não só verbalmente. Por que deseja tanto esse objeto? Para que vai utilizá-lo? Como vai se sentir ao tê-lo e poder usá-lo? Como, inclusive, ele vai mudar sua vida?

Deve viver o processo de desejar obtê-lo, frustrar-se por não consegui-lo, voltar a fantasiar sobre tudo o que esse objeto lhe proporcionará, voltar com mais empenho à meta de alcançá-lo, desesperar-se, tentar reprimir a vontade de infringir as normas, sentir como o desejo vai aumentando, até finalmente encontrar a maneira de superar as barreiras, pegá-lo e desfrutar dele momentaneamente, antes de deixar o palco.

Ter uma motivação clara ajuda imensamente o jogo do clown. Neste exercício a motivação gira em torno do que gostaria de ser (um ganhador), em contraste com o que é (um perdedor), o que lhe abre muitas possibilidades. O objeto que deseja com tanto empenho é algo mundano —um sapato, uma garrafa de água, um enfeite de cabelo, etc.—, de modo que toda a importância que tem é dada pelo clown, com sua imaginação; o sapato fará com que dance como Michael Jackson, a água da garrafa lhe dará poderes sobre-humanos, o enfeite lhe converterá num homem ou mulher irresistível.

O problema das barreiras (o triângulo de fita intransponível) é um desafio que requer criatividade e inteligência, embora sua resolução possa ser algo tão simples como tapar os olhos (o clown acha que se ele não vê a transgressão, a autoridade tampouco verá). O que não pode fazer é pegar o objeto simplesmente. A autoridade o proibiu, e isso tem peso; além do mais, é exatamente a dificuldade o que cria o jogo e o que permite seu momento triunfal.

O objeto do desejo

Obter o objeto é o clímax, o prêmio que recompensa todos seus esforços, mas não pode se estender demasiadamente. O clown usufrui do fato de ter seu sonho entre as mãos, mas se ficar comprovando se é certo (na verdade pode dançar como Cortés? na verdade tem poderes sobre-humanos?), terá uma decepção. Então, quando diminuem os aplausos que sem dúvida vão acompanhar seu triunfo, deve ir saindo. É sábio deixar a cena entre risos e aplausos, com o público querendo mais e tudo bem resolvido; deixa um sabor bom em todos e, obviamente, essa é a meta real.

Às vezes esquecemos essa meta real quando se trata de nossos desejos de ter sucesso. Perdemos a objetividade, tal como faz nosso clown. Os sonhos de ter ou ser mais são, na realidade, importantes fontes de inspiração; motivam-nos a avançar. Sem eles a vida seria bastante sem graça. São estímulos para uma maior criatividade. Ao realizar um sonho nos sentimos eufóricos, cheios de energia vital, mas essa felicidade radiante, como o clown bem sabe, dura pouco. Como seres humanos, temos um defeito de série: habituamo-nos tão rapidamente ao estado de satisfação que logo deixa de nos parecer tão bom. Então necessitamos novos sonhos, novas alegrias, para nos manter felizes.

Evidentemente, o êxito profissional é absolutamente relativo e dependerá inteiramente da visão que cada um tenha a esse respeito. Para alguns, é material: o poder aquisitivo, o status, a estabilidade, o reconhecimento como bom profissional, etc. Para outros, é imaterial: a liberdade, a compaixão, o bom desempenho, o compartilhar, o despertar interior, etc.

Para os clowns, eu diria que ter sucesso é necessariamente uma mistura de ambas as condições. Viver disso é primordial, pois temos que comer, pagar impostos, investir no nosso trabalho, como qualquer um. E mais fácil será se conseguirmos um emprego num circo importante, um bom ano de apresentações, um prêmio para o nosso espetáculo ou a aclamação da crítica! Mas a origem deste êxito material é o êxito dos valores imateriais, os valores de um espírito livre, os do clown. Não conheço nenhum clown profissional puramente materialista. Se você perguntar o que significa para eles ter sucesso, lhe responderão, com palavras diferentes, mas em essência as mesmas: "Viver do riso".

> "O sucesso é quando finalmente consigo fazer uma obra de arte que seja um perfeito fracasso, uma queda convincente que eu possa repetir!"
> *Pablo Luengas, médico do riso, México*

O sucesso garantido

> "Para mim é uma questão de tempo, com o tempo vamos ganhando matizes. É bem provável que alguém que leva mais anos faça rir mais do que alguém que acaba de começar, mas nem sempre. Todo mundo está em processo."
> *Virginia Imaz, clown, Espanha*

Se você folheou o conteúdo e veio diretamente aqui buscando um frasco de pílulas com uma bula que diga: "Serve para garantir o sucesso. Tomar uma hora antes de entrar com o nariz vermelho. Sem efeitos colaterais"... Sinto muito, mas não tenho pílulas, nem sequer em forma de placebo. Não posso lhe dar nenhuma fórmula mágica para o sucesso, mas sei que há certos ingredientes que não devem faltar, certas qualidades humanas sem as quais é muito difícil alcançar o sonho de todo clown: que o público (seja quem for) o queira.

Qualidades como a honestidade, a presença, a imaginação, a sensibilidade, a transparência e a curiosidade as expliquei ao longo deste livro, e se você leu até aqui, entenderá que explorá-las é explorar o universo do clown. Na hora de plasmar este universo, concretizá-lo e materializá-lo, você necessitará de outras qualidades, como a confiança, a disciplina e a humildade. Alcançar o sucesso neste mundo dependerá principalmente do seu grau de motivação e perseverança, das boas ideias cômicas que tenha, da qualidade e constância em sua execução, e uma verdadeira paixão pela arte do palhaço.

Se quiser se dedicar à arte do clown terá que desejá-lo de coração, ir investigando e aperfeiçoando de acordo com sua própria visão. Pouco a pouco, terá que ir afinando a estética, a filosofia, a linguagem e o universo do seu clown, com o objetivo de poder responder às perguntas: que inquietudes tenho?, o que quero expressar?, qual é minha poética?, onde quero me apresentar?, a que público quero me dirigir? Definir suas motivações lhe ajudará quando encontrar dificuldades, e parta do princípio que as encontrará!

> "Me atrai a possibilidade de me expressar tal e qual me encontro, mostrar o que sinto e o que me diverte, especialmente o que me diverte! Minha meta é fazer com que o público sinta algo, que se reencontre como um ser brincalhão, alegre, com vontade de viver e passar por cima de qualquer obstáculo".
> *Ana Ceci, cofundadora de Risaterapia.org, México*

Meus principais motivos para ser clown foram a liberdade que me oferecia e uma inquietude pessoal em investigar as chaves da alegria humana. Desde o princípio sabia que era imprescindível aproveitar todas as ofertas de trabalho que tivesse, fossem grandes ou pequenas. Quando as grandes ficavam grandes (quando fracassei na tentativa), me perguntei se não deveria dedicar-me a outra coisa, mas instantaneamente me surgiu outra interrogação:

que outra coisa? Que outra profissão poderia me proporcionar tanta alegria e satisfação? A resposta, como você pode imaginar, sempre foi... *nenhuma*.

Improvisar ou definir?

Conheci Antonio quando veio participar de um curso de criação de números de clown. Havia vários anos que trabalhava como clown em hotéis. Atuava seis meses por ano, seis noites por semana, diante de um público de diferentes nacionalidades, de modo que tinha muita experiência e também muito talento cômico.

Em sua primeira improvisação, sua experiência saltou à vista. Logo que entrou, nos alucinou pela explosão de energia e loucura que lançava. Rimos com prazer e com admiração, porque o que estávamos vendo tocava a fronteira da genialidade. Ele, por outro lado, não dava importância a nada do que fazia, "jogava fora" gestos perfeitos um atrás do outro sem pausas, mudava de emoção sem emendas visíveis, mantendo sempre uma qualidade de leveza e jogo. Tinha um tempo, na verdade, acelerado, disparava gags como se fosse uma metralhadora cômica. Imagine as seguintes situações uma atrás da outra em grande velocidade: uma entrada tipo estrela diante de uma suposta multidão, um pedido de calma, uma rajada de riso explorando ritmos diferentes, uma desculpa curta, uma gag (tira um papel do bolso, o amassa entre suas mãos e lhe dá um pontapé dizendo "papiroflexia"), um toque de ironia ("ha, ha"), um giro sobre si mesmo de 360º, etc. Era um baile clownesco sem música. E ele parecia estar completamente no controle da situação.

Na realidade, não estava. Estar diante de um público novo lhe sintonizava com sua frequência clown, mas não controlava seu fluxo de ideias. Alimentava-se do momento e crescia

O objeto do desejo

com cada risada conquistada. Somente ele sabia que sua confiança poderia desaparecer a qualquer momento, e se perguntava constantemente, "o que vou fazer quando acabar a inspiração?". Noutras palavras, sentia que não tinha uma rede de segurança, um número concreto que funcionasse inclusive quando não tivesse um forte estado de ânimo e um público predisposto a rir.

Entendia perfeitamente como Antonio se sentia. Durante anos me apresentei na rua com meio espetáculo. Tinha uma série de números sem lógica nem continuidade que funcionavam individualmente, mas não em seu conjunto. Para aquecer começava com algumas gags que, por experiência, sempre davam bom resultado. Depois me apresentava e exibia minha única habilidade com os malabares. Posteriormente, fui prolongando os tempos, abrindo espaços para jogar e improvisar. Pelo público que conseguia manter, e o dinheiro que caia no meu chapéu ao final de cada apresentação, parecia que tinha um espetáculo convincente, mas em meu coração sabia que não era assim. Estava consciente de que não era nada especial, que se funcionava, ou não, dependia completamente do meu grau de inspiração.

Minha inspiração não me falhava quando não havia nenhuma pressão para cumprir, quando trabalhava por minha conta na rua, mas pouco a pouco comecei a receber ofertas de trabalho para eventos "importantes", trabalhos bem pagos, com uma responsabilidade diante das pessoas que me contratavam. De repente, me vi preocupada diante da possibilidade de fracassar, de ficar sem inspiração, "nua", com apenas um espetáculo a meias para salvar a situação. Pagavam-me para fazer um trabalho no qual eu podia jogar, mas também tinha que ser digno. Não podia estar abaixo de um certo nível. Esta exigência fazia crescer meu desejo de saber com mais clareza o que ia fazer, o que ia acontecer e em que ordem. Sonhava em ter uma série de ações predeterminadas que funcionassem sob qualquer circunstância. Então decidi criar uma base sólida com bom material, uma exposição do meu talento que também me deixasse jogar meu jogo favorito, o de improvisar.

As boas ideias
Vi tantos espetáculos de clown que não funcionavam por carecer de bom material. Não quero me entediar vendo um clown profissional, quero que valorize o tempo e a atenção que lhe dou. Tem uma hora quando muito, o que não é grande coisa, de maneira que cada minuto conta. Gosto quando acabo de ver um espetáculo cheio de belas e inspiradas ideias.

A inspiração cômica pode ocorrer em qualquer momento. Mas uma boa ideia tem que resistir à prova da realização; primeiro, que seja possível; segundo, que se entenda, e terceiro, que seja divertida. Para cada boa ideia que passe no teste, haverá que descartar outra (na verdade várias) que não o supere.

> "Uma ideia tem que ser trabalhada. Você faz o esboço dela, joga com o que tem, vê que vai por um bom caminho, e a partir daí se converte em algo."
> *Toti Toronell, clown, Espanha*

As boas ideias surgem de:
- Conhecer bem a fundo seu clown e a técnica clown
- Haver visto bons clowns em ação.
- Sua habilidade para imaginar situações cômicas.
- Saber o que você faz realmente bem e com graça.
- Coisas que você sempre quis fazer, mas não pôde, a criança que era, uma imagem que gosta, um objeto, uma música, um cheiro, uma improvisação...
- A vida mesmo.

> "Me inspiro em meu próprio universo. Meus espetáculos são o resultado da pergunta: como posso compartilhar minha visão?"
>
> *Leandre, clown, Espanha*

A paixão

> "Além do prazer indescritível de jogar, de enlouquecer, de se converter em personagens ou coisas, o melhor de atuar é ter um público que nunca te viu antes e que talvez nunca vai te esquecer."
>
> *Andrés Aguilar, clown, México*

Hoje em dia, o público europeu quer fantasia, ação, genialidade, poesia, beleza, simplicidade e, se possível, estímulo mental. E tudo isso expresso de maneira orgânica, sem que sobre nada. Querem ver uma expressão de amor à arte. Nada mais e nada menos!

Definitivamente, saber o que o apaixona na arte do palhaço vai orientá-lo para o sucesso. Todos os grandes palhaços foram aperfeiçoando a expressão clownesca daquilo que mais os motivavam ou que mais lhes interessavam; fosse o absurdo, o tradicional, o poético, a fantasia, o estúpido, os estados anímicos, a musicalidade, as gags, etc. E, ao mesmo tempo, criaram seu próprio estilo, sua própria imagem e seu próprio material. Foram e estão sendo, verdadeiros mestres do seu *que* e seu *como*.

> "Eu poderia estar horas diante do público. É o que eu mais gosto, o encontro com ele, contatando, conectando de verdade, estando realmente num presente que não se repetirá nunca."
>
> *Lila Monti, palhaça, Argentina*

Quando você começa, pode ser que se aproprie de alguma gag de outro clown, se inspire no que ele faz ou o imite, mas cedo ou tarde terá que encontrar seu próprio material, o que funciona para você, porque é seu. Mesmo que autores como Tristan Rémy e Pierre Robert Lévy, entre outros, tenham recolhido e publicado muitas entradas do repertório dos palhaços tradicionais, não existem obras escritas para clowns. A obra que seu clown fará é você que tem que escrever, e sempre estará em processo de melhora. Colocar em prática o "menos é mais" (limpeza e economia de movimentos, gestos e palavras), se sentir confortável em cena, a expressão lúdica dos estados emocionais, o tempo de cada gesto, a hábil manipulação do adereço, o bordão que sempre consegue riso, a boa técnica em suas habilidades, etc, lhe tomarão um longo tempo de aperfeiçoamento, mas é um processo gratificante.

"É normal em qualquer disciplina aprender algo de alguém que sabe, e depois com o tempo fazer algo realmente seu. Chegar a incorporar a linguagem do clown sem copiar, sendo você, é o que leva tempo."
Luis "Loco" Brusca, clown, Argentina/Espanha

Ensinamento eficaz

Como professores, Alex e eu acreditamos que é nossa responsabilidade oferecer informação, guiar, oferecer desafios e inclusive colocar à prova nossos alunos. Mas não lhes impulsionamos sem sua permissão, nem lhes impomos nossas próprias exigências. Propomos exercícios num nível adequado, ao intuir ou reconhecer o que são capazes de fazer realmente. Se acertamos, relaxam e se soltam, e assim podem dar mais de si mesmos. Pensamos que é essencial que cada estudante experimente o sucesso, por mais breve que seja, e que avance inclusive meio passo no conhecimento de seu clown próprio. Com essa finalidade, somos honestos em nossas críticas, porque achamos que vêm ao nosso curso aprender algo real; mas tentamos que sejam críticas construtivas. Reconhecemos as coisas que foram bem sucedidas em suas improvisações, inclusive as que eram feitas sem consciência. Perguntamos a eles: "Sabe por que rimos tanto com você?", e os principiantes com frequência não têm a menor ideia do que é o que nos fez rir da sua atuação, então lhes explicamos seus dons ou lhes oferecemos uma breve imitação do que funcionou. Os estudantes mais avançados têm mais noção do seu clown, mas necessitam ouvir em que momento o perderam. Conscientizamos-lhes dos momentos em que não aproveitaram boas oportunidades de jogo ou os que se esqueceram de escutar seu companheiro, ou de compartilhar com seu público, etc.

A pergunta que sempre temos em mente é: "Como você pode melhorar o que fez?". Com o treinamento na simplicidade que temos como clowns, as retroalimentações que damos depois das improvisações são diretas e concretas. É importante dar o justo para a assimilação fácil ou a superação rápida do problema, seja técnico ou pessoal. Pode ser que haja muitas coisas para corrigir, mas expô-las todas ao mesmo tempo poderia derrubá-los. Dizer a um aluno principiante "você tem que respirar", "não deve se mover tanto" ou "compartilhe o que sente" já contém muito para trabalhar na improvisação seguinte, e pode ser que inclusive necessite que vá repetindo até que consiga. Sei por experiência própria que é muito mais fácil entender a pauta oferecida do que colocá-la em prática!

De todas as maneiras, sabemos que o sucesso de nossos alunos em suas improvisações só depende em parte de nós, a outra parte corresponde a eles, e uma parte a seus companheiros. Nós damos a pauta do bom humor, potencializamos o apoio mútuo, o aprendizado em grupo, e criamos assim um ambiente de confiança onde aprender é mais fácil e existe menos carga individual.

Abrimos espaços para compartilhar duas vezes ao dia e lhes incentivamos para que o façam, em particular os que se sentem bloqueados. O que compartilham nos dá valiosa informação para encaminhá-los até o êxito e, além disso, é um termômetro do nível energético do grupo. Manter um olho sobre esse nível nos ajuda a saber o que necessitam e até onde temos que levá-los na seguinte sessão.

O êxito de algum companheiro na classe é um êxito para todos, porque ver um exemplo ao vivo é muito mais efetivo do que escutá-lo em palavras. Nós não entramos em cena dando exemplos para que nos imitem, vai contra ao que estamos ensinando; entramos em todo caso para imitá-los (para que possam "se ver") ou fazer com que vejam possíveis caminhos que descartaram ou que não chegaram a ver durante sua atuação. Não queremos ver versões de nossos clowns em ação, queremos ver seus clowns em ação. Além do mais, o que funciona para nós não funcionará necessariamente para qualquer outro. Um bom exemplo disso ocorreu há uns anos: uns clowns mexicanos nos confessaram que tentaram reproduzir um número de nossa criação. "E como foi?", perguntamos já intuindo a resposta. "Horrível! Nada funcionou", responderam, "Foi um desastre total". Como na realidade eram muito bons clowns, aproveitaram a oportunidade para desenvolver a fundo o seu fracasso, e, diante das imagens cada vez mais desastrosas que nos contavam, Alex e eu explodimos em risos.

Alunos bem-sucedidos

Os estudantes propensos a ter sucesso costumam ser pessoas muito receptivas. Vejo-os desfrutando sinceramente do fato de poderem observar e compartilhar, e em consequência não lhes custa manter uma energia entusiasta durante todo o dia. A maioria não tem medo de soltar o garantido e desmontar seus mecanismos de defesa; se permitem ser espontâneos. Muitas vezes eles têm um sentido de humor já bem desenvolvido e/ou um riso aberto e contagiante. E cada um tem seu dom: uma imaginação explosiva, uma expressividade limpa, umas ideias estúpidas, uma ternura envolvente, uma luz brilhante em seus olhos, etc.

Alguns inclusive se soltaram internamente por completo, saíram "voando". É a melhor maneira que tenho para descrever o que ocorre nesses momentos. É como se seu clown tivesse posto asas de comicidade pura e qualquer coisa que fizesse, dissesse ou sentisse fosse para morrer de rir. A partir do público, você vê que a pessoa entrou numa espécie de transe cômico, alimentado pelo prazer e pelos risos, e por ter se jogado de cabeça na fonte de sua própria criatividade. O humor que manifestam é transbordante, um delírio, um sem fim de bobagens deliciosas.

Nos anos que venho participando e ministrando cursos tive o privilégio de ver vários clowns saírem voando, e foi absolutamente incrível. São lembranças gravadas na minha mente para sempre. Um teve que tirar o nariz vermelho, porque nossas costelas não aguentavam mais de rir. Rejuvenesci anos rindo das loucuras dos meus estudantes, mas com os que vi voando, me senti cheia de alegria, como quando seu time acaba de ganhar um troféu importante.

Alcancei esse estado várias vezes me apresentando, e é uma sensação incrível; você entra numa espécie de ciclo e já não quer sair nunca mais. Tem o público comendo na palma da sua mão, você não pode falhar, o tempo se alonga e contrai ao mesmo tempo, é você mesma, mas habilidosa, engraçada, iluminada. Cria-se uma espécie de conexão quase mística, incontrolável, onde todas as pessoas que estão ali se conectam com algo profundo. Uma catarse comum e descomunal.

Viver a iluminação em versão cômica faz parte das histórias de sucesso de nossos alunos que posso contar, mas há outras muitas igualmente preciosas. Deixar o clown sair não deixa ninguém indiferente. Pode criar mudanças profundas em nossa maneira de enfocar certos aspectos da vida. Certamente, o fato de abrir os olhos, os sentidos e o coração, e fazer com que os outros riam com nada além do que somos remove nossa paisagem interna. Faz aflorar emoções e atitudes que nos impediram de evoluir, mas também nos oferece soluções lúdicas e concretas. O clown desperta ao mesmo tempo a alegria, o prazer, o desejo de compartilhar e o amor nas pessoas: poderosos armamentos contra os ataques do ego. Muitos de nossos alunos nos agradeceram pelas mudanças que experimentaram, mas não é a nós que têm de agradecer, é ao clown: o irredutível otimista, o indomável altruísta, o irrefreável mestre cômico que todos trazemos dentro.

Outros livros publicados na Coleção Clownplanet em ediciones.clownplanet.com

Se depois de ler este livro se sentir atraído por descobrir —ou melhorar— o seu clown, visite nossa página da web: www.cursosdeclown.com

Seria ótimo :o) se pudesse deixar um comentário sobre o livro no endereço:
facebook.com/opalhacoqueexisteemvoce
ou na página do livro na web da Amazon.com.br

Mais informações sobre o universo clownesco em www.clownplanet.com.

www.ingramcontent.com/pod-product-compliance
Lightning Source LLC
Chambersburg PA
CBHW050146170426
43197CB00011B/1983